Träume

nicht dein Leben, lebe deinen

Traum

Jean Felix Maximilian Lützenrath

Träume nicht dein Leben, lebe deinen Traum

Auf dem Jakobsweg bis ans Ende der Welt

PRESSEL Verlag

PRESSEL Verlag und Digitaldruck
Olgastraße 14-16
73630 Remshalden
www.pressel.de

Covergestaltung: Florian Özkaragil

ISBN: 978-3-937950-63-1

1. Auflage 2010

Jean Lützenrath im Internet
www.luetzenrath.com

Printed in Germany

Der Weg ist das Ziel

Inhalt

Prolog

Zum ersten Mal hörte ich „*Camino de Santiago*", als ich mal wieder einen der wenigen Sommertage mit meinem besten Freund im Freibad verbrachte. Mit den Worten „Ich mache jetzt den Camino de Santiago" erklomm er den Drei-Meter-Turm und sprang mit einem missglückten Köpfer, der eher einem Bauchklatscher ähnelte, ins Wasser. Etwas spektakulärer hatte ich mir den „Camino de Santiago" ehrlich gesagt schon vorgestellt…

Einige Jahre später zog ich nach meinem Abitur in die Innenstadt Hamburgs. Genauer gesagt an die Außenalster. Meine Wohnung lag direkt neben dem Literaturhaus. Da der Jakobsweg immer populärer wurde, stieß ich immer öfter auf Artikel, Plakate und Lektüren.

Zu dem Zeitpunkt studierte ich Informatik und war wenig begeistert von der tristen Zukunft, die mich nach Abschluss meines Studiums erwarten würde. Schule, Abitur, Studium, lebenslange Zwangsarbeit, Renten- und Lebensversicherung, Frau, Kinder, Altersheim, Tod! Hat das Leben nicht mehr zu bieten? Nicht, dass ich abwertend darüber denke, sicherlich können insbesondere Frau und Kinder die vollkommende Erfüllung des eigenen Glückes sein. Jedoch in dieser geplanten, mechanischen Reihenfolge?

Noch war ich von dem *Jakobsweg* nicht überzeugt - oder besser gesagt: nicht auf die Idee gekommen, selbst 800km durch Spanien zu pilgern. Wer läuft schon hunderte von Kilometern auf Grund religiöser Überzeugung nach Santiago? Ganz genau, die verrückten Fanatiker, die sich selbst peinigen, um Buße zu tun. Ständig hatte ich nun dieses Bild vom abgemagerten, bärtigen Pilger in Kutte und Sandalen, in denen seine blutigen Füße steckten, vor Augen. Glaube kaum, dass ein Rosenkranz da helfen kann. Ich wollte es mir nicht eingestehen, aber in Wirklichkeit wartete ich nur darauf, eine Begründung zu finden, diesen Weg ebenfalls zu gehen. Im Juni 2007 war es dann soweit. Mein trockenes, trostloses Informatikstudium hatte ich schon längst geschmissen, als meine Eltern die Wohnung verkauften, in der ich momentan noch lebte. Ich musste raus und etwas in meinem Leben ändern!

Ich buchte mir einen Flug nach Bilbao, um von dort aus über Burgos zu starten. Erst im Flugzeug kam ich wieder zu mir, als sich in mir plötzlich der Gedanke breit machte, eine absolut wahnsinnige und ungeplante Entscheidung getroffen zu haben, die nichts mit meiner bisherigen Realität zu tun hatte. Dennoch fühlte es sich zum ersten Mal in meinem Leben richtig an.

Aber ich möchte nicht von dieser Reise berichten, nein, seitdem sind zwei Jahre vergangen und nun, abermals im Juni, befinde ich mich schon wieder in Richtung *Camino Francés.*

Wir schreiben das Jahr 2009. Ich habe mir ein Busticket nach Paris gekauft, um von dort aus die Weiterfahrt bis nach Saint-Jean-Pied-de-Port zu organisieren und erneut den *Camino de Santiago* zu laufen.

08.06.09, Montag – Hamburg nach Saint-Jean-Pied-de-Port

Die Busfahrt ist der absolute Horror. Ich schlafe so gut wie gar nicht, es ist furchtbar eng und stickig und da man die Sitze nicht verstellen kann, tut mir nach kurzer Zeit bereits mein Rücken weh. So kann ich mich wenigstens schon einmal an die Strapazen des Weges gewöhnen. Stunden vergehen und die Zeit zieht sich. Irgendwann morgens, bzw. vormittags schaue ich auf die Uhr und denke mir: „So langsam müsste ich doch in Paris ankommen." Die 2 Stunden Verspätung vom Vorabend habe ich natürlich bereits dazu gerechnet. Ich komme aber nicht an und muss unweigerlich akzeptieren, dass ich länger als 14 Stunden unterwegs sein werde.
Na ja, Zeit habe ich ja genug, nur wirklich gemütlich ist es halt nicht. Aber gut, ich versuche, mich trotz der Umstände auf meine bevorstehende Reise zu freuen. Ich weiß nicht mehr, wann es war, aber irgendwann komme ich tatsächlich in Paris an! Völlig erledigt verlasse ich den Bus und taumele ein wenig benommen von der Fahrt auf den Ticketschalter zu, um meine Weiterfahrt zu organisieren. Dort muss ich jedoch leider erfahren, dass es keine Busverbindungen nach Biarritz gibt und ich mit der Bahn fahren müsse. Die nette Dame erklärt mir noch kurz, wo sich die Metro befindet und macht mir dann unmissverständlich klar, dass hinter mir noch jede Menge andere Personen in der Schlange stehen. Gut, Metro also…. Die Fahrt dauert verhältnismäßig kurz und am Bahnhof angekommen löse ich auch direkt mein Ticket nach Biarritz. Zum Glück muss ich nicht lange warten; der einzige Nachteil ist, dass Ticket kostet mich geschlagene 84,- €! Da ich jedoch keine andere Wahl habe, kaufe ich es, um meinem Ziel wieder ein kleines Stück näher zu kommen. Am Abend erreiche ich Biarritz! Fast 24 Stunden bin

ich nun unterwegs und in Biarritz erwartet mich bereits die nächste unerfreuliche Nachricht.
„Heute fährt kein Zug mehr nach Saint-Jean-Pied-de-Port Monsieur."
Na prima! So kurz vorm Ziel und ich komme nicht mehr weiter! Da ich natürlich nicht 100,- € für ein Taxi zahlen möchte, suche ich in der Stadt nach einer Unterkunft und finde nach längerem Suchen endlich eine halbwegs günstige Möglichkeit für 40,- € die Nacht. Das ist zwar absolut nicht in meinem Interesse, aber ich bin fix und fertig und checke ein, um dann morgen früh um 07:00 Uhr direkt den ersten Zug nach Saint-Jean-Pied-de-Port nehmen zu können. Vollkommen erledigt falle ich ins Bett. Nun bin ich zwar fast am Ziel, aber kostengünstig war es am Ende absolut nicht. Heute bin ich jedoch zu erledigt, um mir darüber Gedanken zu machen.

10.06.09, Mittwoch – Saint-Jean-Pied-de-Port nach Roncesvalles

Die Nacht habe ich tief und fest geschlafen und meinen Wecker beinahe überhört, als dieser mich aus meinem Dornröschenschlaf holt. Ich springe noch schnell unter die Dusche und laufe zum Bahnhof. Es klappt alles wie am Schnürchen, am späten Vormittag bin ich da!
Endlich! Ich bin in Saint-Jean-Pied-de-Port angekommen und befinde mich somit offiziell auf dem Camino de Santiago! Von hier soll meine Reise dieses Mal beginnen. Ich kann es kaum erwarten, das kleine verschlafene Nest zu verlassen, um meinen ersten Schritt nach Santiago auf dem Camino zu tun. Ich

schlendere los in Richtung Zentrum, sofern man von einem Zentrum sprechen kann, um mich zu orientieren und den ersten Pfeil zu sichtigen, der mich hoffentlich alsbald auf den Wanderweg dirigieren wird. Außerdem muss ich mir noch meinen Pilgerpass, den sogenannten „Credencial", besorgen, den es hier an der Startlinie doch sicherlich irgendwo geben muss. Zwar habe ich vor, heute Nacht in den Pyrenäen im Zelt zu schlafen, aber auf der gesamten Strecke bis nach Santiago werde ich sicher die ein oder andere Herberge aufsuchen.
Ich laufe also ziemlich unwissend des Weges einfach durch die Straßen und finde auf Anhieb die Hauptstraße, welche das Zentrum dieses kleinen Nestes bildet. So weit, so gut, das war zwar jetzt noch keine große Leistung, aber mein Optimismus wächst, und ich fühle mich bereits wieder euphorisiert, wie es sich als Pilger gehört. Das kleine Nest am Fuße der Pyrenäen ist voll mit Wanderern aus aller Welt. In jeder Ecke befindet sich entweder eine Herberge oder ein kleiner Laden, der Wanderstöcke und Jakobsmuscheln verkauft. Ich fühle mich bestens und merke, wie sich meine Gesichtsmimik meiner Stimmung anpasst. „Ja, ich bin wieder auf dem Camino und fühle mich prächtig", geht es mir wie ein Ohrwurm durch den Kopf.
Einige Minuten später erblicke ich am linken Straßenrand eine Ansammlung von Rucksäcken, die vor einem Gebäude aufgereiht sind, welches nicht unbedingt den Anschein einer Herberge vermittelt. Vorsichtig spähe ich durch die Tür und erblicke meine Gleichgesinnten, welche sich brav in der Reihe aufgestellt haben, um ihren Credencial in Empfang zu nehmen. Ich schließe mich der Schlange an und warte, bis ich an der Reihe bin. Eine nette, etwas ältere Dame bittet mich, an ihrem Schreibtisch Platz zu nehmen und fragt mich dann nach meiner Herkunft und ob ich den Weg zu Fuß oder mit dem Fahrrad zurücklegen werde. Ich antworte ihr, dass ich zu Fuß unterwegs sei und Deutscher bin. Schnell füllt sie die erforderlichen Felder

in meinem Pilgerausweis aus, drückt mir einen Stempel drauf und überreicht mir meinen Pass. Mit meinem bereits strahlenden Gesicht bedanke ich mich herzlichst und will schon voller Tatendrang aufspringen, als sie mit noch mehr Material rausrückt, welches ich für durchaus nützlich befinde. Sie gibt mir zwei Kopien mit den jeweiligen Etappen des gesamten Weges. Das erste Blatt enthält alle Dörfer und Herbergen, die zweite Seite die Entfernung mit Höhenprofil in 36 Etappen unterteilt.
Abermals will ich mich nun von meinem Stuhl erheben, um endlich aufzubrechen, werde aber ein weiteres Mal von ihr zurückgehalten, da sie es für ihre Pflicht hält, mich darauf hin zu weisen, dass die heutige Etappe 30km betrage, auf 1200 Meter ansteige und es nur eine Herberge nach etwa 8 km gibt. Wenn ich dort nicht nächtige, müsse ich bis nach Roncesvalles laufen und für den ersten Tag sei dies ein doch sehr gutes Stück. Des weiteren weist sie mich darauf hin, dass es bereits 13 Uhr am Nachmittag ist und daher klüger sei, sich eine Herberge hier in Saint-Jean-Pied-de-Port zu suchen, um dann morgen in aller Frühe loszulaufen. Ich danke ihr für diesen Hinweis und erzähle der netten Dame, dass ich ein Ein-Mann-Zelt dabei habe und somit nicht auf die Herbergen angewiesen sei. Sie scheint das nicht wirklich zu beruhigen, ganz im Gegenteil. Ihrem Gesichtsausdruck nach zu urteilen ist sie davon eher aufgebracht, da sich das Strahlen in ihrem Gesicht plötzlich zu einem Gewitter verwandelt und sie mir unmissverständlich klar macht, dass das Campen hier in Frankreich sowie auch auf dem restlichen Camino verboten ist! Später erfahre ich, dass Campen unter freiem Himmel in der gesamten EU nicht erlaubt ist… Allerdings sind diese Richtlinien wohl eher mit Gelassenheit zu nehmen, solange man nicht sesshaft wird oder seinen Müll überall rumliegen lässt. Ich bedanke mich bei ihr und sie lässt mich endlich abziehen.
Trotz ihrer Warnung ignoriere ich ihren Ratschlag nicht nur völlig, sondern meine auch noch zu wissen, was mich erwartet,

da ich schließlich den Camino schon einmal gelaufen bin. Meine Strafe dafür erhalte ich wenige Stunden später. Ich habe keine Ahnung, was ich heute vor mir habe, da ich damals 2007 von Burgos aus gestartet bin und somit den Teil über die Pyrenäen nicht kenne.

Da ich nun alles beisammen habe, mache ich mich sogleich auf den Weg. Ich verlasse die Altstadt von Saint-Jean-Pied-de-Port durch die Port-d'Espagne und habe auch direkt den ersten leichten Anstieg vor mir, der mich hoffentlich in den kommenden Stunden auf etwa 1400m zum Cisa-Pass geleiten wird. Ich bin guter Dinge, so dass mir das fürs erste nichts ausmacht. Außerdem kann ich nun direkt mal meine neuen Nordic-Walking-Stöcke testen, die ich mir extra zugelegt habe. Zwar musste ich lange mit der Entscheidung kämpfen, da ich eigentlich den Pilgerstab als nicht zu unterschätzende Tradition ansehe, jedoch hatte mir die Erfahrung gezeigt, dass bei zu schweren Gepäck, und ich habe auch dieses Mal viel zu viel auf meinem Rücken, die Knieprobleme nicht lange auf sich warten lassen. Vorsichtshalber entscheide ich mich daher dafür, zusätzlich zu meinen Stöcken auch gleich meine beiden Kniebandagen anzulegen. Eigentlich hatte ich immer skeptisch auf die Pilger gelinst, wenn da wieder mal welche mit ihren Nordic-Walking-Stöcken klick-klack-klick-klack an mir vorbeizogen. Aber da ich auch zwei Jahre später immer noch meine Knie spüre, sobald ich sie belaste, erscheint mir das doch die sinnvollere Lösung zu sein, auch, wenn es mir noch so schwer fällt, auf den traditionellen Pilgerstab zu verzichten. Fürs erste komme ich sehr schnell voran. Typisch für den ersten Tag... man ist sich noch nicht im Klaren darüber, dass es völlig egal ist, wie schnell man voran kommt. Dennoch genieße ich das Gefühl der Freiheit und des Pilgerns. Schon Karl der Große ist hier mit seinem Frankenheer über die Pyrenäen gezogen, auch wenn dieser andere Ambitionen hatte wie ich. Die Landschaft wird

schöner und schöner, je höher ich steige und der Ausblick immer atemberaubender. Ich passiere mehrere Bauernhöfe und merke deutlich, dass es auf 1400m hoch geht. Demzufolge dauert es nicht lange und mein T-Shirt ist klitschnass. Auch unter der langen Hose fange ich bereits an zu schwitzen. Zum Glück lassen sich die Hosenbeine abnehmen und aus der langen Hose wird schnell eine kurze, was direkt die klimatischen Verhältnisse verbessert.
Ein älteres Ehepaar aus den Niederlanden begegnet mir. Die beiden sind ca. Mitte 60 und in einem sehr gemütlichen Tempo unterwegs. Der Mann zieht einen optisch ziemlich schweren Wagen hinter sich her und seine Gefährtin trägt einen ebenso ordentlich bepackten Rucksack auf ihren schmalen Schultern. Wir laufen ein gutes Stück gemeinsam und sie erzählen mir, dass sie in den Niederlanden losgelaufen sind. Der Wagen, den er hinter sich her zieht, wiegt geschlagene 40kg, jedoch ist er der Meinung, dies sei immer noch besser als einen 20kg Rucksack zu tragen. Auch, wenn die zwei sehr sympathische Menschen sind, setze ich mich nach einer Weile von ihnen ab, da mir ihr Tempo doch ein klein wenig zu langsam ist und ich heute noch wo ankommen möchte. Kann ihre Ruhe irgendwie noch nicht teilen, auch wenn ich das gerne würde.
Die Steigung ist mittlerweile recht ordentlich und wird nur gelegentlich mal von kurzen mehr oder weniger ebenen Passagen unterbrochen. Da ich mittlerweile klitschnass unter meiner Jacke bin, diese jedoch aufgrund des extrem starken Windes nicht ausziehen möchte, zumal ich panische Angst habe, mich gleich am ersten Tag schwer zu erkälten, entscheide ich mich dafür, das T-Shirt zu wechseln. Ein kurzer Stopp, Rucksack absetzen und irgendwo aus den Tiefen mein zweites T-Shirt hervorkramen. Schnell ist es gegen das durchnässte ausgetauscht. Eine absolute Wohltat! Ich fühle mich wieder frisch und sauber, jedoch mit fatalen Folgen... Logischerweise dauert es nicht allzu lange und mein zweites T-Shirt ist mindestens genau so durchnässt wie

mein erstes, womit ich schon mal kein trockenes mehr für heute Abend besitze. Klasse gemacht! Mir bleibt nichts anderes übrig, als die Tatsache zu akzeptieren und weiter zu laufen. Mittlerweile befinde ich mich auf etwa 1000m Höhe und der Wind scheint immer stärker und stärker zu werden. Später erfahre ich, dass an diesem Tag Windstärken von mehr als 80 km/h geherrscht haben. Ich habe keine Ahnung, wie viele km/h mir um die Ohren fliegen und es ist mir auch absolut gleich, denn egal, wie ich mich drehe und egal, wie oft der Weg abbiegt, um seine Richtung zu ändern, der Wind scheint immer von vorne zu kommen und mir den Anstieg so schwer wie nur irgend möglich zu gestalten.

Trotz unbeschreiblich guter Laune merke ich, dass meine Kondition und Muskelkraft mit meiner Euphorie nicht mithalten können. Gleiches gilt für meine Wasserflasche, die ich bereits bis auf den letzten Tropfen geleert habe. Und so schleppe ich mich Schritt für Schritt weiter meinem Ziel entgegen. Für heute vergesse ich einfach mal, dass mein Ziel Santiago de Compostela ist und begnüge mich mit dem Gedanken, dass in etwa 1-2 Stunden der Rolandbrunnen vor mir auftauchen müsste.

Nach einem so guten Start war eigentlich abzusehen, dass es Probleme geben würde, und so machen sich zu allem Überfluss nun auch noch meine Füße bemerkbar. Meine Wanderschuhe sind zwar aus gutem Leder, welche ich bereits seit einem halben Jahr einlaufe, jedoch ändert dies nichts daran, mir gleich am ersten Tag Probleme zu bescheren. Die ständige Steigung des heutigen Tages führt dazu, dass meine Fersen beidseitig stark schmerzen. Bei jedem Schritt, den ich tue, wird mir deutlich, dass unter meinen Socken die Haut nicht mehr so aussieht wie heute morgen noch in Saint-Jean-Pied-de-Port. Mein Tempo nimmt von Minute zu Minute rapide ab. Nach einer ganzen Weile erreiche ich dann aber doch noch die ersehnte Fuente de Roldán, welche schön gelegen, geschützt vom Wind, in einem Buchenwald liegt. Endlich kann ich meine ausgetrocknete Kehle

mit kühlem, klarem Wasser benetzen. Aufgrund meiner Füße beschließe ich, hier im Wald nahe der Quelle mein Zelt aufzuschlagen und es für heute dabei zu belassen. Ich kann definitiv nicht mehr weiter und nun muss ich an die nette Dame von heute Morgen denken. Sie hat's mir ja gesagt…
Der Platz hier ist ideal und ich will endlich raus aus den Schuhen und den nassen Klamotten. Zum Glück habe ich noch meinen Pullover, welcher nun unter der Jacke mein T-Shirt ersetzt. In wenigen Minuten steht mein Zelt und ich mache mich daran, schnell meine Socken und meine beiden durchnässten T-Shirts zu waschen, sowie auch mich selbst einer kurzen Katzenwäsche zu unterziehen. Es kommen zwei ältere Däninnen vorbei, die sofort über die Wasserquelle herfallen. Wir beginnen ein kurzes Gespräch und sie fragen mich, ob ich Knieprobleme hätte, als sie meine Kniebandagen sehen. Ich verneine und antworte, ich nutze diese nur, um den Knieproblemen direkt vorzubeugen. Ihrem Blick nach zu urteilen scheinen sie dies etwas übertrieben zu finden. Sie sind zum ersten Mal unterwegs und ebenfalls bereits am Ende ihrer Kräfte. Da sie auch keinen Pilgerstab dabei haben, nehme ich an, dass sie auf den nun folgenden Abstieg nach Roncesvalles mir großer Sicherheit Probleme bekommen werden und ich empfehle ihnen, sich möglichst bald einen Stab zuzulegen. Nach unserer kurzen Konversation setzen sie ihren Weg fort.
Es ist bereits abends gegen 19 Uhr. Da ich heute nichts Besonderes mehr vorhabe und weit und breit auch keine Gesellschaft mehr in Sicht ist, beschließe ich, die restlichen Stunden des Tages damit zu verbringen, mich einfach in die paar Sonnenstrahlen zu legen und den Ausblick hier zu genießen.

11.06.09, Donnerstag – Weiter über Roncesvalles bis nach Zubiri

Es ist 5 Uhr morgens und ich habe trotz völliger Erschöpfung nicht sonderlich gut geschlafen. Grund dafür? Na ja, es ist nicht grade warm über Nacht in den Pyrenäen und zu allem Überfluss musste ich auch noch feststellen, dass meine Isomatte sich mit meinem Schlafsack anscheinend nicht sonderlich gut verträgt. Entweder rissen mich meine erfrorenen Gliedmaßen aus dem Schlaf, oder ich erwachte, da ich mal wieder eine Rutschpartie mit meinem Schlafsack auf der Isomatte hingelegt hatte und sich dann der kalte Boden unter mir bemerkbar machte.

Würde meine Blase nicht so drücken, könnte ich jetzt auch noch problemlos länger liegen bleiben, da es im Gegensatz zur Temperatur in meinem Schlafsack einfach viel zu kalt in dieser Frühe da draußen ist. Gezwungenermaßen verlasse ich jedoch mein 5 Sterne Hotel und blinzele mal vorsichtig vors Zelt. Alles nass vom Morgentau und der Nebel zieht durch die Bäume. Eigentlich ein sehr schöner Anblick, aber kalt ist es! Dennoch verlasse ich meinen Bau und begebe mich nach draußen. Anschließend verkrieche ich mich wieder schleunigst im Zelt. Zwar habe ich beschlossen, den Tag zu nutzen und zeitig aufzustehen, aber 5 Minuten kann ich mich ruhig noch einmal umdrehen. Wenig später stehe ich auf und räume meine Sachen zusammen. Nachdem ich mein Zelt zusammengepackt und alles in meinem Rucksack verstaut habe, schaue ich noch einmal auf die Uhr und muss zu meinem Entsetzen feststellen, dass es nun bereits 8:20 ist! Unmöglich! Da ich mir nicht erklären kann, wieso ich mehr als 3 Stunden gebraucht habe, um meine Sachen zu packen, beschließe ich, dass aus dem „einmal 5 Minuten umdrehen“ wohl mindestens eine Stunde geworden sein muss. Macht nichts, ich habe ja Zeit. Also wozu die Eile? Gemütlich mache ich mich auf den Weg nach Roncesvalles.

Gleich nach den ersten wenigen Schritten erinnern mich meine Füße wieder daran, dass ich mir gestern die Hacken wund gelaufen habe. Bei jedem Schritt spüre ich bereits wieder, wie meine Fersen über das Inlay meines stabilen Lederstiefels scheuern. Gestern Abend vor dem Schlafengehen habe ich mir zwar die Blasen noch mit einer Nadel aufgestochen und einen Faden durchgezogen, aber vollkommen geheilt sind meine Füße dann über Nacht doch noch nicht. Im Vergleich zu gestern ist es aber wesentlich besser und so versuche ich, meine Gedanken auf andere Dinge zu konzentrieren und das Positive in dem geringen Heilungsprozess für mich zu loben.
Mein großer Vorteil heute ist, dass ich mitten im Nirgendwo starte und somit kein einziger Pilger in meiner Nähe ist. Selbst die Frühaufsteher aus Saint-Jean-Pied-de-Port werden noch ein paar Stunden hinter mir sein und so kann ich die Natur in vollen Zügen genießen. Ich hasse es nämlich, mit dem täglichen Trott loszumarschieren und da alle Herbergen die Pilger um 8 Uhr rauswerfen, entsteht auf jeder Etappe zu dieser Zeit eine regelrechte Pilgerkarawane. Besonders schlimm aber sind meiner Meinung nach die Hektiker, die morgens um 5 Uhr ihren Wecker piepen lassen, die gesamte Herberge aus dem Schlaf reißen und dann mit ihren Stirnlampen anfangen, ihre Sachen zu packen und somit auch noch die letzten eisernen Schläfer aus ihrem Schlummer holen. Ich muss zwar zugeben, dass das Pilgern zu früher Stunde aufgrund der teilweise doch sehr hohen Temperaturen am Nachmittag wesentlich angenehmer ist, aber leider gibt's immer noch jede Menge Pilger, die anscheinend der Ansicht sind, sich auf einem Staffellauf oder ähnlichem zu befinden. In einem Buch eines Pilgers las ich einmal: „Wir nahmen die wesentlich besser zu laufende Schnellstraße, tranken auf halber Strecke einen Kaffee und waren trotzdem noch vor allen anderen als erstes da.“ Na herzlichen Glückwunsch! Gibt's dafür jetzt eine Medaille? Nach diesem Satz habe ich das Buch endgültig weggelegt, nachdem mich schon der Anfang ziemlich

gelangweilt hatte. Welch Idiotie! Wozu begibt man sich denn bitte schön auf eine Pilgerreise? Asphalt, Autos und LKWs hab ich auch zu Hause zur Genüge, dafür muss ich nicht extra nach Santiago pilgern. Und wieso muss man als erster in der Herberge ankommen? Zugegeben, es ist ziemlich bedrückend, wenn man den ganzen Tag gelaufen ist, keine Kraft mehr hat, dann am Ende in der Herberge ankommt und erfahren muss, dass kein Bett mehr frei ist.
Ich habe die Erfahrung mehrmals auf meiner ersten Reise gemacht, aber gestorben bin ich dennoch nicht daran. Mittlerweile vertrete ich den Standpunkt, dass alles zur rechten Zeit kommt und sich eine Lösung immer findet, selbst wenn die Lage im ersten Moment völlig aussichtslos erscheint. Dennoch bin ich diesmal durch mein kleines Ein-Mann-Zelt wesentlich besser vorbereitet. So habe ich die absolute Freiheit zu schlafen, wo immer ich will, aufzustehen, wann immer ich will und zu guter Letzt und das ist das Beste daran: ich habe keine Schnarch und Methangasorchester! Eine absolut lohnenswerte Investition.
Der Weg am heutigen Morgen ist wesentlich angenehmer zu laufen als der harte Aufstieg gestern. Es geht durch wunderschöne Birkenwälder, an Hängen entlang mit Sicht weit über die Berge und mit dicken Nebelwolken in den Tälern, so dass ich über den Wolken laufe.

Ein euphorisierendes Gefühl, welches mich sehr angenehm voran kommen lässt. Nach etwa einer Stunde kommt mir dann aus dem Nichts plötzlich ein älterer Herr entgegen, der mich prompt auf Französisch begrüßt und eine Konversation startet. Ich kann zwar absolut kein einziges Wort Französisch, da ich mich damals in der Schule für Latein entschieden habe, schaffe es aber zu meinem völligen Erstaunen, auf Hand- und Fußsprache zu verzichten und irgendwelche Laute über die Lippen zu bringen, welche weder deutscher noch englischer Abstammung sind. Nachdem ich erfahren habe, dass hier noch alles nebelig ist, was ich als äußerst wertvolle Information einstufe, da mir der Nebel jedwede Sicht nimmt, um dies selbst zu erkennen, teilt mir der ältere Monsieur mit, dass hinter dem nächsten Berg bereits die Sonne aufgegangen ist und ich mich nur wenige Meter vorm Cisa-Pass befinde. Der alte Mann

verschwindet genauso schnell im Nichts, wie er aufgetaucht ist. Während ich weiter laufe, frage ich mich, was für eine Sprache ich grade gesprochen habe, denn Spanisch war es auch nicht und da ich über keine Französischkenntnisse verfüge, beschließe ich, dass es Spanisch mit selbsterfundenem französischem Akzent war. Auf jeden Fall konnten wir uns beide miteinander verständigen, was mir ein kleines Gefühl von Stolz verleiht. Tatsächlich hatte der nette Monsieur recht und nach nur wenigen weiteren Schritten lichtet sich der Nebel und die Sonne blickt mich erwartungsvoll an.
Ich komme an eine kleine Kreuzung, wo es nun zwei Möglichkeiten nach Roncesvalles gibt. Ich entscheide mich für den rechts von mir liegenden Weg. Eine kleine Kirche, die, wie ich später erfahre, als Denkmal für das ehemalige Kloster der Abtei San Salvador von 1071 steht sowie ein Rolandsdenkmal wird passiert. Ich befinde mich am Ibañeta-Pass, von dem aus ein Fußweg quer über eine Wiese bergab führt und mich im weiteren Verlauf nahezu direkt vors Kloster von Roncesvalles leitet. Ein wirklich beeindruckender Bau, der mich förmlich erschlägt, so gewaltig taucht das Kloster plötzlich vor mir auf. 1132 erbaut und seitdem eine der bedeutendsten Herbergen des Camino Francés. Ich fülle meine Wasserflasche auf und gönne mir hier eine kleine Pause, während ich das Kloster etwas genauer in Augenschein nehme. Für viele Pilger ist Roncesvalles der Ausgangspunkt, wobei ich das nicht verstehe, denn trotz der Strapazen ist die Etappe über die Pyrenäen traumhaft schön. Nach meiner Besichtigungstour beschließe ich, einen Bäcker oder einen kleinen Supermarkt aufzusuchen und mache mich somit wieder auf den Weg, muss jedoch nach wenigen Minuten feststellen, dass das Dorf Roncesvalles im Grunde nur aus dem Kloster besteht und dass es hier außer ein oder zwei kleinen Cafés, welche mir viel zu überteuert erscheinen, absolut nichts weiter gibt.

Es ist noch sehr früh. So lasse ich Roncesvalles hinter mir und setze meine Reise fort, die nun zunächst parallel zur Straße verläuft. Zwar geht es über einen schmalen Pfad durchs Grüne, dennoch brausen immer wieder Autos zu meiner Linken an mir vorbei.
Meine Blasen an den Fersen spüre ich momentan so gut wie gar nicht mehr, was aber leider nur daran liegt, dass ich mittlerweile eine neue wunde Stelle, etwa 10cm weiter oben habe. Beim Abstieg nach Roncesvalles hat nämlich unmerklich der Schuhschaft meines Stiefels immer wieder gegen die Unterseite meiner Wade gedrückt, so dass ich nun dort keine Haut mehr besitze und lediglich rotes aufgescheuertes Fleisch zu sehen ist. In etwa so stelle ich mir die gepeinigten Rücken der Flagellanten vor, nur mit dem Unterschied, dass ich keinen Anlass zur eigenen bewussten Bestrafung sehe. Ich verfluche meine Stiefel und akzeptiere, dass ich an meiner derzeitigen Situation augenblicklich nichts ändern kann. Etwas verträumt stelle ich dann fest, dass ich mich zwar nicht direkt verlaufen habe, jedoch vom Weg abgekommen bin. In einiger Entfernung sichte ich jedoch die beiden Niederländer von gestern vor mir. Ich kann es kaum glauben, denn die beiden waren wirklich extrem langsam und müssen mich zu später Stunde noch überholt haben um nun wieder vor mir zu sein. Ich werde überaus freundlich begrüßt und teile den beiden mit, wie erstaunt ich bin, sie hier wieder zu sehen. Die Frage, wie sie es gestern noch über die Pyrenäen bis nach Roncesvalles geschafft haben, spare ich mir, auch, wenn es mich brennend interessieren würde. Auf einem kleinen Autorastplatz haben sie es sich für die Mittagszeit bequem gemacht, ihre Klamotten gewaschen und ihre anscheinend komplette Unterwäsche zum Trocknen an einer selbst gespannten, extrem langen Leine über den gesamten Rastplatz aufgehängt. Gestern sahen die beiden schon sehr glücklich aus, aber heute strahlen sie noch mal um eine Stufe mehr aus ihren freudigen Gesichtern. Ein wirklich amüsanter Anblick, der mich

ein Schmunzeln nicht verkneifen lässt. Sie erklären mir, dass sie bewusst etwas länger entlang der Straße gelaufen sind, da ihr Anhänger sich hier leichter ziehen lässt, was mir durchaus einleuchtet. Auf ihrer Karte zeigen sie mir, dass ich nur ein paar Minuten der Straße weiter folgen müsse um dann automatisch wieder auf den Camino zu treffen. Umkehren könnte ich natürlich auch, aber es würde sich nicht lohnen und landschaftlich hätte ich nichts verpasst. Da mir die beiden als außerordentlich vertrauenswürdig erscheinen und ich bereits erfahren habe, dass es sich bei ihnen um absolute Profipilger handelt, nehme ich den Ratschlag dankend entgegen und verabschiede mich mit einem „Buen Camino".

Wenige Minuten später treffe ich dann wie prophezeit wieder auf den Camino. Es geht durch Wälder, Wiesen und Weiden, über einen Höhenweg bis zum Metzkiritz-Pass. Hier beschließe ich aufgrund der mittlerweile extrem heißen Temperaturen, für längere Zeit zu pausieren. Es ist 14 Uhr am Nachmittag und die Sonne brutzelt, als wollte sie mich wie ein Grillhähnchen rösten. Mit einer wunderschönen Aussicht mache ich es mir im Schatten etwas abseits des Weges gemütlich. Am liebsten würde ich hier mein Zelt aufschlagen und den Rest des Tages sowie die Nacht verbringen, nur habe ich ungünstigerweise kein Wasser in Sichtweite. Ich genieße also die Rast, stärke mich ein wenig und gönne mir ein kleines Mittagsschläfchen, bevor ich mich weiter in Richtung Zubiri aufmache.

Wie zu erwarten, geben meine grandiosen Schuhe keine Ruhe und wollen sich anscheinend für den Fluch rächen, mit denen ich sie vor wenigen Stunden belegt habe. So beginnt in einem der beiden Schuhe die Sohle hin und her zu rutschen und sich im vorderen Bereich zu knicken, so dass es sich anfühlt, als hätte ich mir einen kleinen Zweig quer in den Schuh gesteckt. Widerwillig stoppe ich bei nächster Gelegenheit vor einem etwa 10cm tiefen Fluss und entferne die verdammten Sohlen. Ist zwar ein wenig härter nun, aber immer noch besser als vorher. Um mir den

Umweg über die Anhöhe zu ersparen, beschließe ich den Fluss direkt hier zu durchqueren und mache zwei, drei Schritte. Erwartungsvoll bleibe ich stehen und kann es kaum glauben, dass meine Stiefel tatsächlich wasserundurchlässig sind, als mir im nächsten Augenblick deutlich wird, dass der Boden unter mir leider verdammt rutschig ist. In letzter Sekunde schaffe ich es, das Gleichgewicht zu halten und mich nicht mit einem Salto Mortale in die reißenden Fluten zu stürzen. Jedoch dringt im selben Moment das Wasser von oben in meine wasserdichten Stiefel ein. Ohne Sohlen und mit nassen Schuhen erreiche ich das andere Ufer. Tja, mit meinen Stiefeln hab ich's wohl! Mir bleibt nichts anderes übrig, als mit nassen Füßen weiter zu laufen und so schiebe ich mein kleines privates Wasserbiotop unter mir her.
Kurz vor Zubiri ist dann plötzlich Ende mit meinem Kreislauf. Von der einen auf die nächste Sekunde merke ich, der Akku ist alle. Ich habe schon seit Stunden kein Wasser mehr und bin total ausgetrocknet. Gehe ich weiter, wird's ein schlimmes Ende nehmen und so bleibe ich umgehend an Ort und Stelle stehen, um in meiner kleinen Vorratskiste nach etwas Essbaren zu suchen. Die Orange, die ich dabei hervorkrame, kommt mir wie gerufen. Noch ein Stück Brot dazu und einen Bonbon hinterher, wodurch sich mein Zuckerspiegel umgehend wieder auf Normalwert einpendelt, so dass ich ungeschoren Zubiri erreiche. Ich habe den Stopp genutzt, um einen Blick in meinen Reiseführer zu werfen und dabei entdeckt, dass kurz hinter Zubiri ein Fluss fließt. Ohne lange zu überlegen, ist mir sofort klar: dort werde ich heute nächtigen und vorher noch ein ausgedehntes Bad nehmen. Ich lasse Zubiri also direkt hinter mir liegen und finde auch prompt wenige Minuten später außerhalb des Dorfes meinen ersehnten Zeltplatz direkt am Fluss, ein wenig ab vom Weg im schönen Grünen. Genau so habe ich es mir für heute gewünscht!

12.06.09, Freitag – Zubiri nach Pamplona

Das gestrige Bad im kalten Flusswasser war eine absolute Wohltat. Beim Aufwachen fühle ich mich frisch und munter. Ein Blick aus meinem Zelt verrät mir, dass Pamplona auf mich wartet, also raus aus den Federn. Ungünstiger Weise habe ich meine Klamotten gestern nach dem Waschen draußen über den Zaun gehängt und muss nun zu meinem Entsetzen feststellen, dass zwar nach wie vor alles sauber ist, aber von trocken kann nicht die Rede sein. So ein Mist! Eigentlich sollten diese nassen Fetzen dort am Kuhzaun meine heutige Bekleidung sein. Da ich sowieso noch alles packen muss, hänge ich die Sachen etwas weiter in die ersten Sonnenstrahlen in der Hoffnung, dass diese eventuell einigermaßen trocken sind, bevor ich aufbrechen werde. Ich beginne routinemäßig, meinen Schlafsack, Zelt und Isomatte zusammen zu packen, meine Kniebandagen anzulegen und meine Wasserflasche noch eben im Fluss zu füllen, nachdem ich diese bereits 2x geleert habe. Um Gewicht zu sparen, habe ich nur eine kleine 0,5l Flasche dabei, was aber meistens vollkommen ausreicht, da in der Regel alle 5km eine Wasserquelle auftaucht. Keine Ahnung, wieso ich heute morgen so einen Durst habe und direkt mal einen Liter in mich hineinlaufen lasse, bevor ich auch nur einen Schritt getan habe. Eventuell hängt das mit den in Tomaten-Mozzarella-Soße eingelegten salzigen Heringen zusammen, die ich gestern Abend mit etwas Brot und Oliven verzehrt habe. War ein köstliches Abendmahl, jedoch mit unangenehmen Folgen, denn der Geruch der leeren Heringsdose steigt mir schon den ganzen Morgen in die Nase und bisher habe ich noch keine Lösung zur fachgerechten Entsorgung gefunden. Da meine Klamotten unterdessen weitgehend getrocknet sind, ziehe ich flink Socken, T-Shirt und Hose an und mache mich auf den Weg, mit meinen Stöcken in der linken und der stinkenden Heringsdose in der rechten Hand. Es geht kurz ein Stück zurück über die Wiese, welche mein Domizil für die letzte Nacht war, bis ich wieder vorm eigentlichen Weg stehe. Was mich gestern Abend und nun auch heute Morgen unglaublich fasziniert, wieso, weiß ich nicht, denn eigentlich ist es nichts, was einem den Atem rauben könnte, ist die simple Lösung des Eigentümers, ein Tor in seinen Stacheldrahtzaun zu integrieren: Statt kompliziert eines einzubauen, steckte dieser einfach zwei Pfosten aneinander, die unten und oben mit einem simplen Draht zusammengehalten wurden. Zum öffnen der Pforte hebt man nun einfach den Draht oben etwas an, schiebt die Pfosten auseinander und schon ist der Durchgang geschaffen. Ehrlich gesagt habe ich diese Lösung fortan an jeder Weide gesehen, aber dennoch war dies für mich die Attraktion des Tages. War vielleicht auch einfach zu viel Sonne gestern auf meinem Schädel...

Es geht wie durchs Hobbitland über Wiesen und an ein paar kleinen Häuschen vorbei, bis ich auf eine riesige Magnesitfabrik stoße. Mein erster Gedanke: „Ein Glück, dass ich mein Bad flussaufwärts genommen habe und meine Haut sich noch nicht grün gefärbt hat." Wie ein dickes Furunkel steht dieses Objekt direkt in der Landschaft und zwingt die Pilger, ein gutes Stück am und sogar auf ihrem Gelände zu laufen. Glücklicherweise ist dies nicht von allzu langer Dauer und das Gelände verschwindet bald hinter mir. Was jedoch noch immer nicht verschwunden ist, ist die leere stinkende Heringsdose in meiner rechten Hand. Weit und breit kein Mülleimer in Sicht und so wie es ausschaut, werde ich das blöde Ding wohl noch bis Santiago tragen müssen. Würde nicht die ganze Zeit der Fluss immer wieder mal parallel zu mir verlaufen, würde ich den sonderbaren Geruch wohl noch viel stärker wahrnehmen, so kann ich mein Gehirn einfach täuschen und das volle Flair der Natur genießen.

Es lässt sich aushalten und meine Schuhe machen mir bisher auch keine Schwierigkeiten. Trickreich, wie ich bin, habe ich nämlich die Sohlen wieder eingesetzt, jedoch zuvor umgedreht, so dass die linke in den rechten und die rechte in den linken Schuh passt. Das Resultat ist absolut befriedigend, auch, wenn es nur von kurzer Dauer ist, denn wenige Stunden später habe ich einfach einen neuen Knick an einer anderen Stelle. Immerhin bin ich aber ein paar Kilometer bequem voran gekommen und in Illaratz kann ich mich dann auch endlich meiner Heringsdose entledigen. Ich passiere die nächsten Dörfer und laufe einige Stunden. An einem Thermometer lese ich 32°C im Schatten. Dazu der blaue Himmel, an dem nicht eine einzige Wolke zu sehen ist. Von Schatten bekomme ich also nicht viel mit und so beschließe ich, in Irotz meine tägliche Mittagspause zu machen. Ein kleines gemütliches schattiges Plätzchen findet sich hier nun doch und so mache ich es mir bequem. In der Sonne neben mir lege ich meine immer noch nicht ganz trockenen Klamotten aus und packe meine getragenen Socken gleich mit dazu.

Als ich so dasitze und ein wenig die Pilger beobachte, die gelegentlich vorbei kommen, tauchen plötzlich die beiden Däninnen vom Rolandbrunnen auf, diesmal mit Kniebandage und selbstgeschnitztem, in meinen Augen provisorischem, Pilgerstab. Als sie mich erkennen, kommen sie angehumpelt und gesellen sich zu mir. Ich begrüße sie freudig und sie strahlen zurück. Wir halten ein wenig Small-Talk, reden über ihre Knieprobleme und wie wunderbar nützlich so ein Pilgerstab ist. Hätten sie das nur früher gewusst. Am Rolandbrunnen hielten sie diesen noch für überflüssig, wie sie mir nun gestehen. Wir verabschieden uns kurze Zeit später auch schon wieder und als sie hinter der Kurve verschwinden, fällt mir ein, dass ich sie abermals nicht nach ihren Namen gefragt habe. Nach etwa 1 ½ Stunden wird mir langweilig und so beschließe ich, trotz der sengenden Sonne ebenfalls weiter zu laufen. Heute machen meine Schuhe und Füße bisher keine Schwierigkeiten, dafür spüre ich plötzlich einen stechenden Schmerz in meinen Waden und halte sofort an. Es ist nichts weiter als Magnesiummangel in meinen Muskeln. 2007 hatte ich das gleiche Problem, habe jedoch noch zwei, drei Schritte weiter getan und somit für die nächsten 48 Stunden einen unbeschreiblich schmerzhaften Krampf in der Wade gehabt. Ein netter bayrischer Pilger hatte mir dann was von seinem Magnesiumvorrat abgegeben, mit dem er sich zuvor ausgerüstet hatte. Dieses Mal habe ich selbst welche dabei und von diesem Moment an schwör ich mir, die Einnahme dieser kleinen Wunderkapseln in mein morgendliches Routineprogramm mit aufzunehmen. Die wertvollste Erfahrung, die ich jedoch gerade gemacht habe, ist, dass man nahezu jeden Schmerz verhindern kann, wenn man bei dem ersten Anzeichen augenblicklich in seiner Bewegung erstarrt. Ich habe diese Erfahrung in den noch folgenden Wochen mehrere Male wiederholen können und bin jedes Mal heil davon gekommen. 2007 bin ich immer so lange gelaufen, bis ich den Schmerz auch wirklich als Schmerz wahr nahm. Diesmal weiß ich, dass mein Körper mir rechtzeitig Bescheid gibt, bevor er mir mit Schmerzen deutlich macht, dass ich „zu weit gegangen bin".

Heil davon gekommen und bereits nicht mehr weit von Pamplona entfernt passiere ich eine Badestelle, mit grüner Wiese und Grillmöglichkeiten. Unzählige Schulklassen vergnügen sich hier im Wasser des Flusses und grillen köstlich riechendes Fleisch. Welch Folter für einen hungrigen Pilger! Ich bekomme solch einen Appetit, dass ich mit dem Gedanken spiele, mich unter die Kids zu mischen. Da ich jedoch vom Erfolg meines Planes wenig überzeugt bin, verwerfe ich diesen Gedanken schnell wieder und flüchte aus der Hungerfolter, um möglichst bald in Pamplona anzukommen und es mir dort dann gemütlich machen zu können. Heute werde ich voraussichtlich in einer Herberge übernachten, denn inmitten einer Stadt ist das Campen nicht unbedingt komfortabel. Als ich Pamplona erreiche, stoße ich direkt auf ein großes Schild, auf dem steht: „Herberge Paderborn"! Und ich dachte, ich wäre in Pamplona? Neugierig nähere ich mich dem kuriosen Platz und treffe auf eine reizende junge Frau mit weiß blondem Haar vor der Herberge. Sie legt ihr

Buch beiseite und begrüßt mich in einem einwandfreien Deutsch. Sehe ich etwa so germanisch aus mit meinen 191cm Größe, dem blonden Haar und den blauen Augen? Anscheinend schon...
Da ich herzlichst empfangen werde und auch die Herberge sehr nett und sauber ist, lege ich meine Sachen ab und beschließe, für heute hier zu bleiben. Ich bekomme einen Stempel in meinen Credencial gedrückt und ein Bett zugeteilt und werde noch kurz durch die Räumlichkeiten geführt. Nach einer erfrischenden Dusche mache ich mich auf, die Stadt zu erkunden und etwas fürs Abendessen einzukaufen. Beeindruckt von der Stierkampfarena an der Plaza de Toros laufe ich durch die Calle Estafeta, der Stiertriebgasse der Sanfermines und bin doch erleichtert, dass die Fiesta erst nächsten Monat stattfindet und ich keine Todesängste haben muss, von einer Horde schwarzer Bullen mit blutunterlaufenen Augen und Nasenring gejagt zu werden. Nach meinem kleinen Stadtbummel ziehe ich mich wieder zurück in die Herberge, um mein Abendmahl zu mir zu nehmen. Noch einen kurzen Gruß an Ernest Hemingway und dann ab in die Koje, denn um 22 Uhr ist Bettruhe.

13.06.09, Samstag – Pamplona nach Puente la Reina

Mein kleiner Reiseführer warnt mich heute vor den Sierra del Perdón. Lustiger Name denke ich sofort, Berge der Entschuldigung. Wofür entschuldigen die sich denn? Eventuell für die stürmischen Verhältnisse, die angeblich dort oben herrschen sollen? 1000m geht's heute hoch und bis Puente la Reina sind es insgesamt etwa 23 km. Da es heute morgen um 6

Uhr Frühstück in der Herberge gab, starte ich entsprechend früh und laufe um 7 Uhr morgens bereits durch die Altstadt Pamplonas. Dem Müll nach zu urteilen war hier gestern Nacht die Hölle los, wovon wir braven Pilger jedoch nichts mitbekommen haben. Umso schöner sind nun die vollkommen leeren Straßen. Es geht am Rathaus vorbei und durch ein paar Gassen, bis ich die Stadt verlasse.

Ein Thermometer, an dem ich vorbei komme, zeigt bereits 21°C an. Für die frühe Stunde eine stattliche Temperatur, denke ich mir und wage es nicht, bereits an die Mittagszeit zu denken. Wie auch die letzten Tage geht's hinter Pamplona wieder durch Wiesen und Weizenfelder und als neues Element kommen ab heute noch die Olivenbäume hinzu. Es geht zügig voran. Ich merke gar nicht, wie schnell die Zeit vergeht, als ich auch schon am Perdonkamm ankomme und somit bereits die Hälfte der Strecke hinter mir habe. Mein Büchlein hat nicht zu viel versprochen. Als ich oben zwischen den Windrädern auf dem Kamm stehe, scheint mir dieser Platz durchaus die richtige Wahl zur Erzeugung von Windenergie zu sein. Es bläst wirklich ordentlich und ich brauche mir keine Gedanken zu machen, wie ich mein vom Aufstieg durchgeschwitztes T-Shirt trocknen kann. Auf dem Weg nach oben holt mich ein Amerikaner aus Kalifornien ein und beginnt direkt mit einem Gespräch. Der nette sympathische Kerl namens Ithan, hatte ein Stipendium bekommen und 2 Jahre in Stuttgart gelebt. Nun vor seiner Rückreise in die USA möchte er den Jakobsweg nach Santiago de Compostela laufen. Sein Deutsch ist einwandfrei mit lediglich winzigem Akzent. Er spricht mich direkt auf Deutsch an und erneut frage ich mich, ob es an meiner Größe, sowie Haar- und Augenfarbe liegt, dass ich so leicht zuzuordnen bin? Wir laufen noch ein ganzes Stückchen zusammen weiter, bevor wir uns trennen, uns dann aber in Obanos, dem letzten Dorf vor Puente la Reina, zufällig wieder begegnen. Ich habe solch einen Juckreiz unter meinen Kniebandagen, dass ich die Dinger ablegen muss.

Da die Hitze wie die letzten Tage schon wieder unerträglich ist, gönne ich mir eine Pause im Schatten der neugotischen Kirche des Dorfes. Unter meinen Bandagen hat meine Haut nicht nur zu jucken begonnen. Als ich sie ablege, sehe ich eine riesige, allergische Hautreaktion. Zuerst führe ich diese auf das Material der Bandagen zurück, stelle dann jedoch fest, dass ich an den Schultern sowie an der Hüfte, wo die Gurte des Rucksackes lang führen, ebenfalls leichten Ausschlag habe. Ich schwitze einfach zu viel und der Schweiß unter den Stellen, die eng an meiner Haut anliegen, verursacht dann diesen Hautausschlag. Ein paar neue Blasen an den Füßen habe ich auch, aber komischer Weise nehme ich diese schon gar nicht mehr wahr. Direkt vor mir befindet sich ein Wasserspender. Da nicht nur mein Hautausschlag eine Dusche vertragen könnte, sondern auch ich es in dieser Affenhitze nicht mehr aushalte, setze ich mich einfach mit Boxershorts mitten auf der Plaza im Schneidersitz darunter und lasse das kalte Wasser auf mich einprasseln. Ein absolut wohltuendes Gefühl. Unterdessen trifft Ithan ein und schaut skeptisch rüber, was ich da tue, jedoch mit einem Blick, der sagt: „Wäre mir das nicht so peinlich, würde ich das jetzt auch gerne tun." Es ist wirklich unerträglich heiß.
Blitzschnell bin ich getrocknet und setze mich zu Ithan in den Schatten, der grade seine Thunfischdosen auspackt und sein Mittagsessen vorbereitet. Mit meinem Dosenöffner und dem leicht trockenen Brot, das ich dazu beisteuern kann, eine gelungene Mahlzeit für uns beide. Bis Puente la Reina sind es keine 4km mehr und wir beschließen, den Rest hinter uns zu bringen, um dann entsprechend Ruhe zu haben und Schutz vor der Hitze suchen zu können. Alle paar hundert Meter steht nun ein Bauer, der seine Kirschen an den Mann bringen möchte. Dürfte ein ganz gutes Geschäft sein, denke ich und überlege schon, als zahlungswilliger Kunde in das Geschäft mit einzusteigen, als sich vor uns zwei Spanier umdrehen, die ihre bis zum Rand mit Kirschen gefüllte Plastiktüte nicht leer bekommen

und sie kurzerhand uns überlassen. Die Kirschen schmecken richtig gut und mit einer dieser Tüten in der Hand belästigen einen auch die Bauern nicht mehr. Da die Hitze in den letzten Minuten nicht nachgelassen hat, schwächel ich bereits wieder auf der Suche nach einem kühlen, schattigen Plätzchen, welches sich zum Glück alsbald findet. Ithan, etwas härter im Nehmen, entscheidet sich weiter zu laufen und so trennen sich unsere Wege abermals. Nach einer weiteren kurzen Rast mache ich mich an die letzten Kilometer nach Puente la Reina. Übersetzt heißt das „Brücke der Königin", nur weiß niemand mehr, um welche Königin es sich dabei handelt, die diese Brücke erbauen ließ. Im Dorf angekommen stoße ich auf ein Thermometer und lese 36°c im Schatten. Die Luft steht total, kein einziges Windlein und somit unerträglich. Ich durchquere das Dorf, um am anderen Ende ein Plätzchen am Fluss zu suchen. Als ich jedoch die Puente der unbekannten Reina betrete, fließt nur eine braune Suppe unter mir durch, die zum Baden nicht gerade einlädt. So mache ich kehrt und beschließe, statt zu zelten, heute Nacht wieder eine Herberge aufzusuchen. Ich werde fündig und frage einfach mal, ob es möglich ist, im Garten zu schlafen. Die Antwort überrascht mich. Es ist nicht nur möglich, nein, wenn ich im Garten im Zelt schlafe, ist die Übernachtung sogar kostenlos. Na, das ist mal ein Angebot! So checke ich ein und lasse zum Dank noch eine kleine Spende für die Benutzung der Sanitären Einrichtungen da.

Ich mache mich frisch und da Ithan ebenfalls in dieser Herberge nächtigt, beschließen wir, heute Abend zusammen essen zu gehen. Es gibt ein köstliches Pilgermenü mit fatalen Folgen…

14.06.09, Sonntag – Puente la Reina

Mitten in der Nacht wache ich vor Kälte auf, merke aber in der nächsten Sekunde, mir ist nicht kalt, sondern schlecht. Ich schaffe es grade noch, eine Plastiktüte aus der Seite meines Rucksackes zu ziehen, bevor ich ins Zelt breche. Gepriesen sei die Plastiktüte, die ich gestern schon wegschmeißen wollte, da ich keinen rechten Nutzen in ihr sah. Nachdem ich einigermaßen zu mir komme und die Übelkeit auf das gestrige Pilgermenü, welches ich mir ausnahmsweise mal gegönnt habe, zurückführe, kann ich den Rest der Nacht kaum noch schlafen. Am nächsten Morgen geht's mir immer noch so dreckig, dass ich beschließe, heute nicht weiter zu laufen. Stattdessen schleppe ich mich in aller Frühe zur Bäckerei und besorge mir Wasser und eine Cola. Danach frage ich den Hospitalero, ob ich eine zweite Nacht hier bleiben könne, ich würde mich nämlich nicht wohl fühlen. Er gibt mir sein OK und sagt mir, ich müsse um 14 Uhr nur noch mal der Ablösung Bescheid geben. Auf den Deal lasse ich mich ein und verschwinde wieder im Garten der Herberge.

Heute Nacht gab's ein Wärmegewitter, wie ich es lange nicht erlebt habe. Es war einfach zu heiß die letzten Tage. Es donnerte und krachte die Nacht über mit vollen Schlägen und eine Wand aus Wasser ergoss sich vom Himmel. Unterdessen haben alle Pilger die Herberge verlassen und so sitze ich nun, schwer krank und Mutterseelenallein hier vor meinem Zelt. Drinnen in der Herberge wird gerade sauber gemacht, so dass eine heiße Dusche nicht in Frage kommt. Habe mir 2 Kohletabletten einverleibt, um meine Magen-Darm-Infektion zu bekämpfen. Um meinen Kreislauf wieder ein wenig in Fahrt zu bringen, sitze ich nun an einem kleinen künstlich angelegten Bächlein, welches Herberge und Garten trennt und halte meine Füße dort hinein. Mir ist kalt und als ich mir an die Stirn fasse, merke ich, dass ich auch noch leicht fiebrig bin. Passt zu meinen merkwürdigen Alpträumen der letzten Nacht, die alle verworren und sehr bedrückend waren. Auch meine mentale Verfassung ist ohne ersichtlichen Grund total im Keller. Um mich nicht zu unterkühlen, nehme ich meine Füße aus dem kalten Wasser und beschließe, wieder zur Bäckerei zu laufen. Ich muss etwas essen, auch wenn ich absolut keinen Appetit habe. Leicht humpelnd entferne ich mich von der Herberge. Habe wieder leichten Muskelkater in den Waden, einen kleinen Sonnenbrand und ein paar neue Blasen, aber nichts, was wirklich störend ist. Kurz überlege ich, ob eventuell die extreme Sonneneinstrahlung mir einen Sonnenstich verpasst hat. Übelkeit und Fieber liegt nahe, da aber meine Verdauung momentan auch nicht mit macht, muss es an den Hackbällchen von gestern gelegen haben. Schon beim Gedanken daran wird mir wieder schlecht. Außerdem trage ich immer meinen Sonnenhut und ich trinke auch mehr als genug. Trotzdem beschließe ich, ab sofort zur Mittagszeit länger zu pausieren. Die Spanier werden schon wissen, wieso sie ihre Siesta streng einhalten.

In der Bäckerei kaufe ich mir noch mehr Wasser, plus Kakao, Orangensaft und ein Baguette. Wirklich gut für meinen Magen ist außer Wasser zwar nichts von alledem, aber ich habe die Angewohnheit zu essen und zu trinken, worauf ich Appetit habe, halte das für die beste Medizin. Hunger habe ich immer noch nicht, dafür aber einen riesen Durst. Ich muss mich beherrschen, den Orangensaft nicht einfach auf Ex runter zu kippen. Habe für mein kleines Frühstück vor der Kirche auf einer Bank Platz genommen, als mich freudig ein Husky begrüßen kommt, der grade mit seinem Herrchen seine morgendliche Tour macht. Ich liebe Hunde über alles und besonders Huskys. Seit ich denken kann, wollte ich immer einen Husky haben. Ich möchte nicht zu abergläubisch klingen, aber die freudige Begrüßung des Hundes, der auch noch ein Husky ist, baut mich augenblicklich auf. Zwar kann er nicht meine Übelkeit heilen, aber wenn man krank ist, ist sowohl der Körper als auch der Geist betroffen. Meine mentale Verfassung konnte er augenblicklich heilen.

Auf dem Camino passieren einem öfters solche Dinge, völlig normale, wie es den Anschein hat, jedoch scheint man dafür offener zu sein als im Alltag zu Hause. Paulo Coelho bezeichnet dies als die Sprache des Universums und schreibt in seinem Welterfolg „Der Alchimist“ – „Du musst die Zeichen wahrnehmen und verstehen“. Gerade habe ich die Zeichen wahrgenommen und die Sprache des Universums gesprochen. „Der Alchimist“ habe ich zum ersten Mal vor einigen Jahren gelesen, als ich noch in Hamburg wohnte. Auf meinem kleinen Diktiergerät hatte ich mir für die Reise ein paar Hörbücher kopiert, um das Schleppen schwerer Bücher zu vermeiden. Unter anderem auch „Der Alchimist“.

Nach dieser transzendenten Begegnung ziehe ich mich wieder in den Garten der Herberge zurück und suche das Hörbuch raus, um mich darin zu vertiefen. Ziemlich schlapp und kraftlos liegt mein Körper auf der Isomatte im Garten und schaut den Wolken zu, die in einer extrem weiten Entfernung über mir ihre Formen bilden. Es zieht sich nach und nach immer stärker zu. Am Nachmittag gegen 13:15 Uhr beginnt es wieder zu nieseln. Ich empfinde das als sehr angenehm, da die Hitze der letzten Tage nicht länger auszuhalten war und schaue den Tropfen von meinem Zelt aus zu. Um Punkt 14 Uhr checke ich dann bei der Ablösung in der Herberge ein. Mein Befinden ist sehr wechselhaft, so fühle ich mich mal fast gesund, dann geht’s mir wieder schlecht, mal ist das Fieber weg, wenig später fange ich wieder an zu glühen. Dennoch geht’s bergauf und ich spüre, dass es mir insgesamt immer besser geht. Der Regen hat unterdessen nachgelassen, dafür donnert es nun immer wieder mal gewaltig, aber nichts passiert. Das Hörbuch habe ich mittlerweile durchgehört. Da mir das faule Rumliegen im Garten zu langweilig wird, beschließe ich, ein wenig durch das Dorf zu laufen und mir die Kirche von innen anzusehen. Puente la Reina

ist übrigens der offizielle Startpunkt für den Camino Francés, da hier der Aragonische (camino aragonés) und der Navarrische Weg (camino navarro) zusammen laufen. Eigentlich laufen diese bereits in Obanos zusammen, dem Dorf vor Puente la Reina, aber irgendwie sind die Spanier wohl der Meinung, Puente la Reina sei als offizieller Startpunkt besser geeignet. So schlendere ich also zur Kirche, um festzustellen, dass diese geschlossen ist. Na prima, wieso verschließt man ein Gotteshaus? Enttäuscht laufe ich wieder zurück, um mich im Garten weiter zu langweilen. Ich habe immer noch keinen Hunger. Mein Baguette habe ich nicht einmal angerührt, dafür aber nach wie vor einen riesen Durst. Hier im Garten ist genau so wenig los wie im Dorf. Während der Siesta ziehen sich die Spanier wie in einem Horrorfilm zurück und schließen Fenster, Türen und Rollläden, als würde die schwarze Pest sie überkommen. Es ist wie ausgestorben. Als ich gestern hier ankam, dachte ich tatsächlich, außer den Pilgern, die hier nächtigen, lebt in diesem Dorf niemand. Umso erstaunter war ich dann, als sich am Abend die dicken Eichentüren und Rollläden öffneten und Boutiquen, Supermärkte, Restaurants und Bars zum Vorschein kamen.
Den Rest des Tages verbringe ich notgedrungen vor meinem Zelt im Garten, werde aber gen späten Nachmittag durch nette Gesellschaft unterhalten. Zwei junge Spanier gesellen sich zu mir sowie ein älterer spanischer Pilger in den Sechzigern. Brennend interessieren sie sich für mein kleines Ein-Mann-Zelt. Begutachten es von innen und von außen und stellen mir allerlei Fragen. Danach unterhalten wir uns über viele Dinge, was uns dazu führt, den Camino zu gehen, wo wir gestartet sind und ob wir zum ersten Mal den Weg pilgern. Einer der beiden jüngeren Spanier, Juan, spricht fließend Deutsch, da er zwei Jahre in Österreich mit seiner Freundin gelebt hat. Nun läuft er zum zweiten Mal den Camino, um sich dann in Santiago mit ihr zu treffen und gemeinsam nach Finisterre zu laufen. Der andere, Thomé, sagt im Grunde nicht viel und taucht nach diesem

Abend wie so viele Begegnungen in der Masse der Bekanntschaften unter. Pedro der alte Herr, den ich auf etwa Anfang 60 schätze, läuft den Camino bereits zum siebten Mal und ist auch unzählige andere Routen gelaufen. Anscheinend macht er in seinem Rentenalter nichts anderes als Pilgern. Seinem sympathischen Gesicht nach zu urteilen eine absolute Befriedigung. Seine Augen haben Lachfalten und er strahlt den ganzen Abend glücklich vor sich hin.
Gegen 21 Uhr bekomme ich dann endlich Hunger. Da auch alle anderen aus unserer kleinen Runde Appetit bekommen, gehen wir in die Küche, machen Pasta und setzen dort unsere Gespräche fort. Ein netter Abschluss für den Tag. Endlich habe ich auch wieder was im Bauch und fühle mich weitgehend gesund, so dass ich diese Nacht wunderbar durchschlafe.

15.06.09, Montag – Puente la Reina nach Monasterio de Irache

Die Nacht war schön kühl und ich hatte endlich mal eine angenehme Temperatur in meinem Zelt. Morgens ziehe ich dann pünktlich weiter, auch wenn mein Kreislauf noch etwas schwach ist. Fühle mich aber gut genug, um vorsichtig meinen Weg fortzusetzen. Auf der Puente der unbekannten Reina staune ich noch einmal über das Bauwerk. Dabei werde ich mir bewusst, dass dieser Flussübergang vor etwa 800 Jahren erbaut wurde und immer noch existiert. Schon beeindruckend. Wie viele Pilger wohl schon über diese Brücke gegangen sind? Die heutige Strecke ist nicht wirklich aufregend. Da es auch immer wieder leichte bis ordentliche Regenschauer gibt, ist das Wanderwetter

eher unbefriedigend. In Monasterio de Irache soll es einen Weinbrunnen geben, erzählte Juan gestern. Das ist doch mal ein Ziel! Ich trabe wie ein Esel, dem man eine Karotte vor die Nase hängt, auf direktem Wege non-stop die etwa 20km bis zu der besagten Quelle. Endlich angekommen, stehe ich tatsächlich vor einer in die Wand eingelassenen Quelle mit zwei Wasserhähnen. Der rechte gibt Wasser und der linke tatsächlich Rotwein! Ohne was gegessen zu haben, nutze ich meine Chance und fülle meinen Becher mit dem köstlichen Saft. Zwar ist es noch nicht einmal mittags, aber was soll's, schließlich kommt der Wein hier vollkommen kostenlos aus dem Hahn. Leider habe ich nur meine Wasserflasche dabei. Da ich solch eine Gelegenheit jedoch so bald nicht noch einmal bekommen werde, kippe ich mein Wasser aus und fülle meine Flasche mit dem Rotwein auf. Der darauf folgende Weg stellt sich plötzlich als extrem anstrengend heraus, obwohl es nur wenige Kilometer bis nach Irache selbst sind. Viel lieber würde ich nun ein kleines Mittagsschläfchen halten. Zu allem Überfluss hat der Regen aufgehört und die Sonne knallt nun wieder erbarmungslos auf mich herab. Meine Kniebandagen fangen erneut furchtbar an zu jucken und zwar so schlimm, dass ich sie diesmal endgültig abnehmen muss. Meine Haut darunter ist total rot und voller Ausschlag. Muss die Bandagen anscheinend doch gelegentlich mal waschen. Stinken tun sie zwar nicht, aber man sieht ja, was passiert.
Unterwegs sind mir zwei etwas ältere Franzosen begegnet, ein nettes Pärchen, die mir erzählen, in einigen Kilometern käme ein Campingplatz, auf dem sie nächtigen werden. Es soll dort wunderbare Bungalows geben. Vollkommen fertig und todmüde erreiche ich etwas später den Campingplatz. Als ich einen Blick über den Zaun werfe und einen riesigen Pool mit eiskaltem Wasser erblicke, steht mein heutiges Nachtquartier fest. 15,- € knüpft mir die junge Dame an der Rezeption ab. Wäre sie nicht so attraktiv gewesen und ich nicht immer noch ein wenig benebelt von dem kostenlosen Wein, hätte ich nie im Leben so

viel Geld ausgegeben, um mein Zelt aufschlagen zu dürfen. Ich war allerdings auch total erschöpft und der Pool, der mich anlachte, übte eine ungeheure Anziehungskraft auf mich aus. Schnell mein Gepäck abladen und dann direkt zum Pool.
Als ich in Boxershorts aber vor einer abgeschlossenen Pooltür stehe, platzt mir der Kragen. 15,- € habe ich hierfür hingeblättert und dann schließen die auch noch den Pool ab! Da der Zaun überwindbar ist, muss ich nicht lange überlegen und klettere einfach drüber. Sollte jemand kommen und mich aus dem Pool holen, so bin ich bis dahin bestimmt meine Bahnen geschwommen. Denn bis mich jemand bemerkt, raus kommt und anfängt zu schimpfen, vergehen bestimmt 10 Minuten und länger will ich eh nicht schwimmen. Es läuft alles glatt. Kein Mensch interessiert sich dafür, was ich im Pool mache. Kann auch sein, dass es einfach keiner mitbekommen hat. Danach gönne ich mir eine schöne heiße Dusche, wasche meine Sachen und döse noch ein wenig auf der Wiese. Der Ausblick ist phänomenal, und so schaue ich auf eine Gebirgskette, welche die Wolken wie ein Staudamm festhält. Man kann richtig sehen, wie die Wolken über die Gebirgskette abfallen. Ich beobachte dieses Schauspiel noch eine Weile, bevor ich mich dann um 20 Uhr zum internen Restaurant aufmache, um mir für 10,- € ein Menu del Dia zu gönnen. Heute wird nicht gespart! Dachte ich zumindest, denn als ich mein Tagesmenü bestellen will, sagt man mir, dass die Küche um 20 Uhr dicht gemacht hat. Und ich dachte, ich wäre in Spanien? Hungrig mit einem Baguette (das von gestern, auf das ich keinen Hunger hatte) und einer Chorizo ziehe ich mich in mein Zelt zurück und stopfe die Notmahlzeit in mich hinein. Wie gut, dass ich solch einen Hunger habe. Kurz vorm Schlafengehen schaue ich noch einmal gen Himmel und erfreue mich über eine glasklare Nacht mit wunderschönem Sternenhimmel. Die Grillen im Hintergrund geben ihr Konzert und so schlummere ich friedlich ein.

16.06.09, Dienstag – Monasterio de Irache nach Logroño

Mein friedlicher Schlummer wird morgens um 5 Uhr durch einen Regenschauer unterbrochen, der mich hochschrecken lässt. Nach 5 Sekunden ist er vorbei, kehrt nach 30 Sekunden wieder zurück und wiederholt diesen Rhythmus, so dass eine Sprinkleranlage wohl eher die Ursache für die Störung sein muss. Spitzenleistung, denke ich mir, auf einem Campingplatz die Camper morgens um 5 mit der Sprinkleranlage zu wecken. Ich kann nicht mehr einschlafen und als die Anlage etwa eine Stunde später Ruhe gibt, nutze ich die Gunst der Stunde, meine Sachen schnell zu packen, bevor der zweite Angriff startet. Um Punkt 7 Uhr verlasse ich den Campingplatz mit dem Wissen, dass ich zukünftig nie wieder so viel Geld ausgeben werde, nur um mein Zelt aufzuschlagen. Eigentlich wollte ich sparen, bzw. muss ich das sogar. Als ich den Campingplatz verlasse, begegne ich dem französischen Pärchen wieder. Freudig strahlen sie mich an und loben mich für meinen so zeitigen Start. So früh lässt es sich viel besser wandern, pflichten sie mir bei, und ich muss ihnen zustimmen. Der Morgen mit seinem Tau auf den Feldern, der aufgehenden Sonne und der Gebirgskette mit den darüber abfallenden Wolken im Hintergrund hat eine irrsinnig geheimnisvolle Atmosphäre. Von der Schönheit der Natur und dem Leben um mich herum überwältigt, muss ich mich beherrschen, nicht vor Euphorie in Tränen auszubrechen.

Im nächsten Dorf angekommen, freue ich mich über eine Katze, die ihre Jungen säugt und frage mich, was mich daran so berührt. Zu Hause würde ich das wahrscheinlich gar nicht registrieren. Die Wahrnehmung der Natur und allen Lebens verändert sich auf dem Jakobsweg. So zumindest bei mir. Es geschehen Dinge, in die man viel hineininterpretieren kann, wenn man offen dafür ist und seinen Nutzen daraus zieht, wie bei meiner Begegnung mit dem Husky in Puenta la Reina, als ich krank war. Dann ist das doch nicht verkehrt, oder? Eine Freundin, die ich auf dem Weg noch kennen lernen werde, erzählte mir, ihr passierten auch ständig solche Dinge. Ihr ist heiß und sie denkt: ich brauche Schatten, in der Sekunde verdeckt die einzige am Himmel stehende Wolke die Sonne und spendet ihr Schatten. Sie setzt sich hin, um etwas zu essen, ihre Thunfischdose ist jedoch nur mit einem Dosenöffner zu öffnen, als ihr in der nächsten

Sekunde der vorbeikommende Pilger die Dose aus der Hand nimmt und mit seinem Taschenmesser öffnet. Ich biege im Verlauf meiner Reise nach Finisterre in ein völlig ausgestorbenes Dorf ab, um einen Bäcker zu suchen, als in der nächsten Sekunde ein Wagen vor mir hält, den Kofferraum öffnet und Brot verkauft. Hape Kerkeling erzählt von einer Pilgerin, die seit Stunden kein Wasser mehr hatte und unbedingt etwas trinken wollte, als im nächsten Moment eine dicke Orange vor ihr auf dem Boden liegt. Man denkt an etwas und es erfüllt sich. Es sind die Kleinigkeiten. Ich will jetzt nicht verrückt erscheinen, aber ein wenig zu denken gibt einem so was dann schon. Und zum Nachdenken hat man auf dem Camino wirklich Zeit. Eigentlich bin ich absoluter Realist. Ich meine, alles mit Wissenschaft erklären zu können und wenn ich es nicht kann, dann kann es jemand anderes. Und was niemand erklären kann? Das wird man in den nächsten Jahrhunderten erklären können, wenn die Wissenschaft so weit ist. Und doch mag ich den Gedanken an das Unerklärliche, an das Übernatürliche. Bevor ich nun aber zu weit vom Thema abkomme und über Zufall und Schicksal zu philosophieren beginne, kehre ich auf meinen Pfad der Realität zurück, der mich mittlerweile nach Villamayor de Monjardín geführt hat, dem eigentlichen heutigen Etappenziel. Noch bin ich mir nicht bewusst, dass der heutige Tag der längste meiner gesamten Reise werden wird.

An einem wunderschönen Kirschbaum bleibt mein Blick hängen. Er steht direkt am Camino und ist bis oben hin mit prachtvollen, prallen, rot glänzenden Kirschen gefüllt. Er sieht so verlockend aus, dass ich mich schon frage: „Wo ist der Haken?" Mutig strecke ich meinem Arm aus, pflücke eine der Kirschen vom Baum und stecke sie mir in den Mund. Im hohen Bogen spucke ich sie im nächsten Augenblick wieder aus und weiß nun, wo der Haken ist. Anscheinend sind das nicht die Kirschen, die ich mittwochs immer auf dem Wochenmarkt kaufen kann. Schon Adam wusste, dass der optisch so schöne rote Apfel nicht

das Gelbe vom Ei ist. Ein älterer Pilger, der meine Tat wohl beobachtet hat, fragt mich lachend, ob mir die Kirschen nicht munden und erklärt mir im zweiten Satz, dass es sich um Kirschen handelt, die allerhöchstens die Vögel verzehren, ich aber nicht wie ein Vogel aussehe. Na, vielen Dank für den Hinweis! Was ein Spaßvogel! Sein Name ist Alexander, 63 Jahre alt, in Chile geboren und seit 40 Jahren in Australien sesshaft. Im Schlepptau hat er seinen alten Schulfreund Fernando und eine junge Schweizerin in etwa meinem Alter, welche sich seit Saint-Jean-Pied-de-Port an die beiden geheftet hat. Auf meine Frage hin, wieso sie so stark humpelt, erklärt sie mir, dass sie seit fast 10 Jahren den Jakobsweg gehen wollte, sich dann kurz vorher ihr Bein gebrochen hat und bis vor 2 Wochen vor Abreise noch auf Krücken laufen musste. Das Tempo der beiden Rentner käme ihr dabei sehr gelegen und sie seien auch überaus komisch. Ja, das habe ich eben auch schon erfahren, wobei ich noch nicht weiß, ob ich die Komik auf meine Kosten teilen möchte.
Ich schließe mich der Karawane an und wir laufen zusammen ein gutes Stück weiter, bis Alex und ich uns in ein ausgiebiges Gespräch vertieft unmerklich von den beiden anderen absetzen. Ich bin sehr an seiner Lebensgeschichte interessiert und da Australien auch noch auf meinem Plan steht, frage ich ihn natürlich darüber aus. Wir verstehen uns prächtig und haben einen guten Schritt drauf, so dass Fernando und die Schweizerin, ich weiß ihren Namen leider nicht mehr, langsam immer kleiner werden, bis wir sie irgendwann gar nicht mehr sehen. Da der Weg aber nur in eine Richtung führt, werden sie uns früher oder später schon wieder einholen. Und so geben wir es auf, uns ständig nach ihnen umzusehen und reden fleißig über Gott und die Welt, im wahrsten Sinne des Wortes, weiter. Alex beneidet mich um meine 26 Jahre so sehr, dass er regelrecht sentimental wird. „Ich würde alles geben, um noch einmal 26 zu sein“, beichtet er mir, wobei ich nicht genauer umschreiben möchte, was er mit „alles“ meint. Erst denke ich, er bereut sein Leben,

dann wird mir jedoch klar, dass er absolut gar nichts bereut und nur nicht will, dass es endet. Wir reden über mein und sein Leben und um die Verschwendung, die unserer Meinung nach 90% aller Menschen mit ihrem Leben betreiben. Nahezu jeder Mensch steigt in die Maschinerie ein, welche ihm die Gesellschaft auferlegt. Schule, Studium, Arbeit, Familie, Lebensversicherung, Altersheim, Tod! Ist das wirklich alles? Einen Ferrari in der Garage, Kariere im Beruf, eventuell berühmt werden, eine Villa am Meer und Geld zum abwinken? Macht einen das alles glücklich? Manche reiche Prominente scheinen so ihre Probleme damit zu haben. Aber wieso? Eventuell weil sie Marionetten ihres eigenen Lebens geworden sind? Klar freut man sich über Dinge, die man sich erarbeitet und dann sein eigen nennen kann, das macht einen glücklich, auf jeden Fall! Aber es ist nicht das teure Auto, das man nun fährt, sondern der Erfolg, dass man es nun fahren kann, da man sein Ziel erreicht hat. Wenn man sich darüber nicht bewusst ist, ist das Glücksgefühl nur von kurzer Dauer. Der Moment des Glückes erlischt in der Sekunde, in der sich der Wunsch erfüllt. Wer kennt das nicht, man möchte unbedingt diese eine spezielle Sache haben. Arbeitet lange darauf hin, doch sobald man diese besitzt, ist sie plötzlich gar nicht mehr so faszinierend. Man kann sich viel mehr über einen erfüllten Wunsch freuen, als über den materiellen Wert des erfüllten Wunsches. Genau an diesem Punkt sehe ich das Problem vieler, die sich nämlich über den materiellen Wert erfreuen und es vielleicht sogar zusätzlich auch noch nötig haben, damit angeben zu müssen. Wer Geld und materielle Dinge zu sehr in sein Herz aufnimmt und vergisst, dass dies alles vergänglich ist, wird von alle dem nichts haben. Es ist wie Puder auf der Hand, ein Windstoß und alles ist weg. Was jedoch immer bleibt, ist das Glücksgefühl des erfüllten Wunsches, das auch dann nicht erlischt, wenn man seinen Ferrari zu Schrott fährt!

Unser Gespräch ist furchtbar interessant und wir beide blühen richtig auf, so dass die Zeit wie nichts an uns vorbei fliegt. Alex

hat hart gearbeitet und Geld scheint für ihn keine Rolle mehr zu spielen. Er kann sich die schönsten Hotels leisten und doch schläft er dort, wo er grade etwas findet, egal, ob es eine Herberge mit 40 anderen Pilgern im selben Raum ist oder ein Einzelzimmer im 5 Sterne Hotel. Lebe dein Leben immer am Limit und lebe es so ausgiebig und intensiv, wie du nur kannst, denn es kommt der Zeitpunkt, an dem es endet!
Irgendwann tritt natürlich auch die Frage auf, „Wieso läufst du den Camino?" Wie alle Pilger einigen auch wir uns darauf, dass wir auf der Suche nach etwas sind. Aber wonach? Auf der Suche nach Gott? Nach einem Glauben? Was ist Gott überhaupt? Oder sind wir auf der Suche nach uns selbst? Alex antwortet prompt: „Ich bin 63 Jahre alt und entdecke jeden Tag etwas Neues an mir, was ich vorher noch nicht kannte."
Viele Pilger verschwenden ihre Zeit auf dem Jakobsweg damit, ständig auf der Suche zu sein. Sei es der Glaube an Gott, oder die Frage „wer ist Gott?" oder „was ist Gott?" oder die Suche nach sich selbst. Sie suchen die ganze Zeit, den ganzen Weg. Zwar gibt es das Sprichwort „wer sucht der findet" jedoch haben sie so viele Fragen, mit denen sie sich beschäftigen, dass für Antworten gar kein Platz mehr bleibt. Wer nur sucht, der kann nicht fündig werden, da er seine Gedanken zu sehr blockiert in der Hoffnung, eine Antwort oder Lösung auf seine Fragen zu finden. Der Camino ist lang wie das Leben und am Ende erreicht man sein Ziel. Wer jedoch immer nur Santiago vor sich sieht, verpasst das Schönste auf der Reise, nämlich den langen Weg, der einen dorthin führt, denn eigentlich sind wir wegen des Weges hier und nicht wegen Santiago. Wer sein Leben lang nur studiert, arbeitet, sein Geld zählt und für alles Vorsorge trifft, der vergisst dabei, sein Leben zu leben.
Nachdem wir stundenlang gelaufen sind und miteinander so intensiv geredet haben, entschließen wir uns, endlich einmal zu rasten und auf die beiden verlorengegangenen Nachzügler zu warten. Wieder einmal schießt mir der Gedanke durch den Kopf:

diese Begegnung kann kein Zufall sein. Um nicht wahnsinnig zu werden, schiebe ich den Gedanken jedoch schnell wieder beiseite. Dennoch hat Alex mir genau das gegeben, wonach ich unwissend *gesucht* habe.
Als wir uns voneinander verabschieden, muss ich ihm versprechen, mich in Finisterre nackt in die Wogen des Meeres zu stürzen. Er selbst wird nämlich wegen der Geburt seines Enkels in 2 Wochen bereits wieder abreisen und es dieses Mal noch nicht bis ans Ende der Welt schaffen. Ich gebe ihm mein Wort darauf, ihm zu Ehren das traditionelle Bad zu nehmen und setze meinen Weg zum nächsten Dorf Los Arcos fort.
Dort angekommen, gönne ich mir mein Frühstück vor der Kirche Santa María, welche mein Reiseführer wärmstens empfiehlt. Kaum ziehe ich mein Baguette aus der Tasche, landet ein kleiner Vogel neben mir und schaut mich erwartungsvoll an. Da ich noch ein Stück altes Brot mit mir mitführe, freue ich mich über die Gesellschaft und lade meinen neuen Freund zum Frühstück ein. Wenig später trifft dann auch das französische Pärchen von heute morgen ein, begrüßt mich und fragt, ob ich die Kirche schon besichtigt habe. Ich verneine, füge aber hinzu, dass ich dies nach meinem Frühstück vor habe. Als ich die Kirche betrete, bin ich tatsächlich beeindruckt. Es gibt unzählige Kirchen, Klöster und Kathedralen auf dem Verlauf des Weges, aber diese ist wirklich mal etwas anderes. Ein Gemisch aus Gotik und Barock überwältigt jeden, der diese Kirche betritt. Ich halte mich ungewöhnlich lange in der Kirche auf, schlendere noch einmal verträumt durch den Kreuzgang und schaue mir die aufwendigen Restaurierungsarbeiten an, die grade stattfinden, bevor ich diesen Ort wieder verlasse und weiter laufe. Habe immer noch einen Rest trockenes Brot in der Hand und da ich es nicht wegwerfen möchte, hoffe ich, es möglichst bald an die Vögel verfüttern zu können. Keine 100m weiter überquert eine kleine Brücke außerhalb der Stadt einen Fluss, wo ich den Kanten dann tatsächlich freudigst an die Enten abtrete.

Es ist mal wieder leicht bewölkt und sogar etwas windig, so dass ich die Temperatur als sehr angenehm empfinde. Ideal, um problemlos mein geplantes Ziel, Torres del Rio, zu erreichen. Um 13:30 Uhr dort angekommen, bin ich ziemlich müde, überlege mir jedoch, wenn ich jetzt schlafe, bin ich in 2 Stunden wieder hellwach. Außerdem könnte ich mal etwas Warmes im Bauch vertragen, denn außer dem einen Versuch in Puente la Reina, der ja leider nach hinten los ging, habe ich seit einer Woche nichts Warmes mehr gegessen. Mein Hunger ist jedoch momentan noch ziemlich dürftig und so beschließe ich, mich nicht länger aufzuhalten und noch ein paar Kilometer heute dran zu hängen. Ich gucke in mein Büchlein und mache einen Fluss aus, der mir mitten in der Wildnis als idealer Platz zum Nächtigen erscheint. Ich kaufe alles Nötige fürs Abendessen ein und bin mit Joghurt, Käse, Wurst und Früchten sowie einer 2,5l Flasche Limo gerüstet. Eigentlich verrückt, sich 2,5kg Limo aufzuladen, aber die Flasche war so schön günstig und da ich riesen Durst auf Zuckerwasser hatte, konnte ich einfach nicht anders. Es ist ja auch nicht mehr weit – meine ich zu glauben. Mein Rucksack wiegt normalerweise schon um die 17kg. Nun mit meiner Verpflegung und der Flasche sind es locker 20 Kilo! Absoluter Selbstmord und das weiß ich auch. Aber wie gesagt, ist ja nicht mehr so weit zu meinem angepeilten Platz. Erwartungsvoll mache ich mich also auf den Weg. Doch als ich an meinem Ziel ankomme, ist von einem Fluss nichts zu sehen. Ein kleines winziges Bächlein plätschert versteckt unter dem Gras vor sich hin, das reicht grade mal, um sich die Füße zu waschen, höchstens. Bin nun doch ganz schön fertig und der Himmel zieht sich immer mehr zu, die ersten kleinen Regentropfen habe ich schon abbekommen. Dennoch bin ich mit meiner derzeitigen Situation nicht zufrieden, hier will ich einfach nicht schlafen. Ich schaue wieder in mein Büchlein, vertraue aber nun nicht mehr auf die eingezeichneten Flüsse, entdecke jedoch hinter Viana einen kleinen See. Na, das ist doch mal eine Perspektive. Außerdem berichtet mein Reiseführer von einer Pfarrherberge in Viana mit nur 11 Betten und gemeinsamen Abendessen. Klingt sehr persönlich und nett, also auf nach Viana. Weitere 1-2 Stunden vergehen, bis ich in Viana ankomme. Ich steuere direkt die Pfarrherberge an. Wie ich um diese Zeit bereits erwartet habe, empfängt mich nicht der Pfarrer, sondern ein Schild mit der Aufschrift „completo“ an der Tür. Na ja, war klar bei nur 11 Betten. In Viana treffe ich dann Ithan, den deutschsprachigen Kalifornier wieder. Auch andere bekannte Gesichter aus Puente la Reina tauchen hier plötzlich wieder auf. Kein Wunder, habe heute bereits ca. 40 km zurückgelegt. Eines der Gesichter kann ich jedoch nicht zuordnen, der Begrüßung nach zu urteilen sollte ich das aber anscheinend können. Sie ist Dänin und als sie mich kommen sieht, fällt sie mir förmlich um den Hals und erzählt mir, wie überrascht sie ist, mich wieder zu sehen. Ich habe absolut keinen blassen Schimmer, wer sie ist oder wo ich sie schon mal gesehen habe, lasse mir aber nichts anmerken und gehe geschickt auf unseren kleinen Small-Talk ein, bevor ich mich entscheide weiter zu laufen, um einen vermeintlichen See nur wenige Kilometer von Viana entfernt aufzusuchen. Ich frage einen Spanier nach dem Weg, den er mir aufs ausführlichste erklärt mit dem Zusatz: „Da kannst du campen, hast Feuerstellen zum Grillen und fließend Wasser“. Na, das klingt doch mal perfekt. Leider habe ich diesen Platz jedoch nie gefunden…

Stattdessen stoße ich nach etwa einer halben Stunde auf ein Schild, auf dem steht: 3,6km bis zur Laguna de las Canas. Na prima, bei meinem Tempo, das durch eingetretene Rückenschmerzen und Plattfüße mittlerweile maximal 4km/h betragen dürfte, bin ich in etwa einer Stunde da und genau so ist es dann auch. Leider schon wieder ein Fehlschlag, da die Lagune eingezäunt ist und ein riesen Schild davor steht, welches unweigerlich klar macht, dass dieser nette, stille Platz ein Naturschutzgebiet ist. Fix und fertig beschließe ich, einen Blick zu wagen und denke mir, schön ist es hier ja. Mühsam überwinde ich die Umzäunung und gönne mir ein paar Minuten Pause an der Lagune. Es ist alles voller Nist- und Brutplätze hier und der ganze Boden scheint ein riesen Armeisenhaufen zu sein. Also tatsächlich absolutes Naturschutzgebiet. So ziehe ich mich respektvoll wieder zurück, auch wenn die Verlockung groß ist, einfach mein Zelt aufzuschlagen und am Wasser zu schlafen. Ich bin mitten im Nirgendwo und der nächste Ort ist Logroño. Was nützt es, hier kann ich nicht schlafen, also muss ich weiter. Eventuell finde ich auf den nächsten Kilometern ja meinen ersehnten Schlafplatz. Als ich dann weiter laufe, merke ich plötzlich, dass meine Rückenschmerzen der letzten Stunden verflogen sind und auch meine Füße tun nicht mehr weh. Meine Kondition ist prima und der 20kg Rucksack ist plötzlich federleicht. Erschrocken blicke ich mich um, ob ich ihn an der an der Lagune vergessen habe. Meinen Rucksack habe ich auf. Scheint, als hätte mein Körper plötzlich den Reservemotor rausgeholt. Ich spüre wirklich absolut nichts mehr und fühle mich wie in Trance. Beflügelt laufe ich zügig wie auf Wolken weiter, bevor gar noch eine Änderung auftritt. Ist das Gott? Ich beschließe, diese Frage später zu klären und mich wieder um meine realen Probleme zu kümmern, denn sollte ich keinen Platz zum Zelten finden, muss ich vor 22 Uhr in Logroño ankommen, ansonsten sind die Herbergen dicht und dann stehe ich wirklich dumm da. Bin auch ganz schön wählerisch mit meinem Zeltplatz. Eigentlich ist mir die Lage gar nicht so wichtig, denn sobald ich das Zelt schließe, habe ich eh nichts von der Umgebung, aber ein Bad oder eine Dusche würde ich doch schon gerne noch nehmen, zumal ich immer noch Ausschlag von meinen Kniebandagen und Rucksackgurten habe. Aufgrund des extrem hohen Gewichtes kann ich es mir auch nicht erlauben, die Bandagen abzulegen und die Wahl zwischen Knieschmerzen oder Hautausschlag ist für mich eine klare

Entscheidung. Also Zähne zusammenbeißen und weiter marschieren, grade klappt's doch ganz gut.
Es ist bereits dunkel, als ich in Logroño ankomme und da der schmutzige Fluss am Stadteingang nicht zum Baden einlädt, steuere ich direkt die Herberge an. Um kurz nach 21 Uhr und etwa 50km später bin ich endlich am Ziel angekommen und drücke erwartungsvoll auf die Klingel der Herberge. Die Tür wird geöffnet und ich werde freundlichst empfangen. Ich löse nur noch die Schnalle meines Rucksackes und breche förmlich auf dem Sofa hinter mir zusammen. Nun merke ich doch, dass alles schmerzt und ich auch die letzten Reserven aus meinem Körper rausgeholt habe. Der Hospitalero fragt mich, ob ich noch etwas essen möchte, was ich natürlich dankend annehme. Er zeigt mir die Duschen und während ich endlich meine verdiente Dusche bekomme, bereitet ein weiterer Hospitalero das Essen vor. Kaum komme ich aus dem Bad, steht der Küchenchef asiatischer Abstammung auch schon vor mir und bittet mich direkt an den gedeckten Tisch. Es gibt Bratreis mit Ei und Gemüse, dazu ein Glas Rotwein sowie Brot und Salat. Welch Zauber! Das Essen schmeckt köstlich. Ich versuche, ein Gespräch mit dem Chinesen aufzubauen, muss aber feststellen, dass er außer „si si", „come" und „tome" (ja ja, iss, trink) nichts weiter sagen kann. Noch nicht überzeugt von seinem eingeschränkten Wortschatz frage ich ihn, ob er ein Glas Wasser für mich hat. Die Antwort ist „si si, tome tome" und er deutet auf mein Glas mit Wein. Na ja gut, denke ich, er will wohl nicht so viel Abwaschen, leere mein Weinglas und gebe es ihm. Das spanische Wort für Wasser ist ihm, wie ich dann feststelle, nicht geläufig und so füllt er mir das Glas einfach noch mal randvoll mit Rotwein. Na ja, was soll's, so schlafe ich garantiert tief und fest heute Nacht. Genau so kommt es dann auch. Kaum habe ich aufgegessen, schaffe ich es grade noch, leicht angetrunken in die Schlafräume zu taumeln und falle in einen komatösen Schlaf, wie ich ihn noch nie erlebt habe. Was für ein Tag!

17.06.09, Mittwoch – Logroño nach Azofra

Irgendwann am frühen Morgen holt mich die spanische Straßenreinigung mit ihren Dampfstrahlern aus meinem Tiefschlaf. Glücklicherweise waren diese nicht auf mich gerichtet, aber der Lärm lässt mich hochschrecken. Wahrscheinlich bin ich noch von den Sprinkleranlagen des Campingplatzes traumatisiert. Ich habe bombastisch geschlafen und nichts von irgendwelchen schnarchenden Zimmergenossen mitbekommen. Vorsichtig lasse ich mich aus meinem Hochbett plumpsen und schlendere nach oben in die Küche. Der chinesische Küchenchef hat mir nämlich gestern befohlen „come come aqui, si si ?", heute Morgen hier zu frühstücken. Gehorsam mache ich mir einen Kakao und eine Schale Müsli und geselle mich zu den übrigen Pilgern an den Tisch. Gestärkt packe ich mein Zeug zusammen, gebe meine Spende in die Donativobox und mache mich auf den Weg. Es ist alles nass draußen, also hat es letzte Nacht doch noch mal richtig geregnet. Die Temperaturen lassen darauf schließen, dass es heute wieder ziemlich heiß werden dürfte. Ich habe vor, an einem großen See, der in den nächsten Stunden kommen müsste, noch einmal zu pausieren und dann in die Rioja Weinberge einzutauchen. Durch meinen gestrigen 50km Marathon bin ich bereits viel weiter, als ich eigentlich sein wollte. Aber was soll's, eigentlich will ich mich nicht nach der Zeit richten und versuche, diese loszulassen. Habe bisher noch keinen Rückflug gebucht, um mir genau diese Option zu ermöglichen und auch keine anderen Verpflichtungen zu Hause, die mich zwingen, zu einem bestimmten Datum zurückzukehren. Mich überholt ein Trupp von Radfahrern, die mich anscheinend wieder erkennen und verwundert anstarren. Tja, kommt wohl nicht so oft vor, dass diese ein und den gleichen Pilger ein zweites Mal sehen.

Wenig später erreiche ich dann früher als erwartet den See. Hätte ich das gewusst, wäre ich zum campen hier hergekommen. Andererseits war es in der Herberge gestern auch nicht grade übel, um nicht zu sagen perfekt! Warme Duschen, warmes Essen, das einem serviert wird, ein Glas Rotwein und ein gemütlich weiches Bett und das alles lediglich für eine freiwillige Spende. Besser hätte ich es nicht haben können und ich bin den Hospitaleros immer noch sehr dankbar. Vor mir läuft ein Franzose mit seinem Esel, der grade seine Äpfel auf den Gehweg plumpsen lässt. Ich hole sie ein und zwinge dem Pilger ein Gespräch auf, der anscheinend alle Mühe hat, seine vierbeinige Begleitung hinter sich her zu ziehen. Das Traumpaar ist in Frankreich gestartet und bereits seit 3 Monaten unterwegs. Wie es aussieht, scheinen sie sich alle Zeit der Welt zu lassen, in Santiago anzukommen. Richtig so, denke ich mir.

Auch wenn ich mir ein Beispiel an den beiden nehme, ist mir ihr Tempo dann doch ein wenig zu langsam, so dass es für mich anstrengend ist, mit diesem Schneckentempo mitzuhalten. Ich nehme wieder mein eigenes Tempo auf und steure auf Navarate zu, wo ich eine erfreuliche Begegnung mit einem wahren Pilgerpromi habe. Kurz vor Navarrete sitz Nino auf einer überdachten Bank und verteilt Pilgerstäbe, Äpfel und Kekse sowie signierte Stempel. Wow! Nino ist so ziemlich der bekannteste Pilger auf dem Camino. Wenn ich ihn richtig verstanden habe, leider ist mein Spanisch nicht so perfekt, auch wenn mein Wortschatz über „si si, tome, come“ hinausreicht, ist Nino 1971 das erste Mal den Camino gelaufen. Es gibt unzählige Bilder, die in nahezu jeder Herberge hängen, auf denen man einen bärtigen, freudig strahlenden, traditionellen Pilger sieht, der mit Kutte, Pilgerstab und Kürbiswasserbehälter vollkommen barfuß seines Weges geht. Nach einer Pause drücke ich ihm zum Abschied noch mal die Hand und bin regelrecht traurig darüber, dass ich über meine Nordic-Working-Stöcke verfüge und nicht einen seiner signierten Pilgerstäbe mitnehmen kann. Es ist zwar verlockend, aber meine Knieprobleme raten mir davon ab und so laufe ich mit meinem modernen Pilgerstabduo aus dem einundzwanzigsten Jahrhundert weiter.
Etwas verträumt blicke ich plötzlich auf und merke, dass ich vom Weg abgekommen bin, als in der gleichen Sekunde, in der ich mich frage „verdammt, wo geht's lang?“ ein Auto hupt und ein aus dem Fenster gestreckter Arm mir den Weg weißt. Danke, das kam ja mal wieder wie gerufen. Zurück auf dem richtigen Weg lerne ich zwei Deutsche kennen, Lutz und Kerstin. Sie holen mich ein, als ich aufgrund einer wund gelaufenen Stelle am Fuß anhalten muss. Es ist keine Blase, sondern einfach nur weggeschürfte Haut und es brennt fürchterlich. Aus ihrem First-Aid-Kid holen sie eine Art Polster hervor, welches ich mir über die wunde Stelle klebe und umgehend weniger Schmerzen beim Laufen spüre. Auch für meinen Hautausschlag unter den

Kniebandagen haben sie eine Salbe parat. Nachdem mich die beiden rührend verarztet haben, laufen wir das nächste Stück gemeinsam. Lutz ist den Weg vor 2 Jahren schon einmal gelaufen und nun wollen sie das Ganze noch einmal gemeinsam machen. Ich komme immer mehr mit Lutz ins Gespräch und Kerstin fällt nach und nach leicht zurück. Ich mache mir überhaupt keine Gedanken darüber, wundere mich jedoch ein wenig, wieso sich Lutz andauernd umdreht und nach ihr schaut, bzw. regelrecht unruhig wird. Im nächsten Dorf, nachdem wir knapp eine Stunde zusammen gelaufen sind machen wir halt, um einen Kaffee zu trinken. Keine 5 Minuten nach unserer Ankunft trifft auch Kerstin ein und bevor ich ein „na da bist du ja“ über die Lippen bringen kann, fängt die liebe Frau an, auf Lutz einzuschimpfen, dass ich mich frage, welchen Teil des Filmes ich nicht mitbekommen habe: „Immer läufst du mir davon, nie wartest du auf mich, wir wollten den Weg gemeinsam gehen und du machst deine Alleingänge.“ Hoppla, sie ist merklich nicht begeistert. Ich versuche, die Situation zu beschwichtigen. Daraufhin erzählt sie mir Lutz‘ gesamte Lebensgeschichte und dass der Camino eigentlich „Ihr Ding“ war und Lutz ihr vor 2 Jahren schon ihre Idee geklaut hätte. Da ich das Ganze weder verstehen noch nachvollziehen kann und der arme Lutz die Schotten immer dichter macht, umso mehr Kerstin zu toben beginnt, trete ich den Rückzug an. Ich bedanke mich für die Einladung zum Kaffee und wünsche den beiden wirklich von ganzem Herzen eine Lösung für ihren Konflikt. Allerdings muss ich ehrlich sagen, dass mir deren Situation als sehr aussichtslos erscheint. Gerne hätte ich ihnen geholfen, aber wie ich erfahren habe, sind Lutz und Kerstin seit 8 Jahren zusammen. Da kann ich unmöglich nach nur einer Stunde den Seelenklempner spielen und mich in ihre Beziehungsprobleme einmischen. Habe die beiden danach nie wieder gesehen. Es gibt das Gerücht, wenn man mit seinem Partner den Camino geht, dann war es das

entweder für immer und man trennt sich oder aber man bleibt für den Rest des Lebens mehr als tief verbunden zusammen.
Ich steuere das nächste Dorf namens Ventosa an und mache mir große Hoffnungen, dort einen schönen Schlafplatz am nahegelegenen Fluss zu finden. Ventosa liegt abseits des Caminos und bedeutet einen kleinen Umweg. Da mein schlaues Buch mir diesen Ort wärmstens empfiehlt, schaue ich mir das Ganze mal selber an. In Ventosa angekommen, bin ich ganz schön enttäuscht. Der Fluss stellt sich als fast ausgetrocknetes Bächlein heraus und einen Supermarkt oder zumindest eine kleine Tienda gibt es auch nicht. Schockiert über die Irreführung meines Wanderführers schlendere ich zum Ausgang des gottverlassenen Dorfes und komme an einem kleinen Restaurant vorbei, welches immerhin ein Pilgermenü und andere einladende Speisen anbietet. Da ich riesigen Hunger habe, die Sonne knallt und ich eine Pause vertragen könnte, beschließe ich, mein knappes Geld hier zu investieren. Zu meinem Erstaunen entpuppt sich das Restaurant als kleine Oase in dem staubtrockenen Dörflein. Ein liebevoll zum Restaurant eingerichtetes Wohnhaus mit wunderschönem, kleinem, geschlossenem Garten empfängt mich. Die Hausherrin, die auch zugleich Kellnerin und Köchin ist, nimmt mir meinen Rucksack ab und lädt mich ein, Platz zu nehmen. Angetan von ihrem wunderschönen Garten frage ich, ob ich nicht draußen essen könne, was sie bejaht und mir umgehend eine provisorische Sitz- und Essmöglichkeit inmitten ihres Paradieses errichtet. Ich bin der einzige Gast in ihrem Restaurant und bekomme ihre volle Aufmerksamkeit. Meine Entscheidung fällt auf ein Menü, bestehend aus einer Suppe, Salat, Fleisch mit Gemüse und Kartoffeln, Wasser oder Wein und einem Nachtisch meiner Wahl plus Kaffe und das alles für 10,- €. Klingt fair und ich bestelle. Das Essen entspricht dem Ambiente, ist absolut köstlich und reichlich. Ich trinke noch in Ruhe meinen Kaffee und mache ein kleines Schläfchen im Schatten bevor ich wieder aufbreche.

Nach dieser traumhaften Erholung mache ich mich wieder auf den Weg, ohne zu wissen, wohin ich heute noch laufen werde. Den nächsten Abschnitt laufe ich schon wieder mit einem Deutschen zusammen, sein Name ist entweder Heinz oder Hans, habe in der Sekunde nicht richtig zugehört und will nun Minuten später nicht abermals fragen. Der Kollege ist mir gestern schon mal begegnet. Als er mich sieht scheint er das gleiche zu denken. Mit den Worten „normaler Weise treffe ich niemanden zweimal" eröffnet er das Gespräch. Im Laufe unserer Unterhaltung erzählt er mir, dass er in Deutschland losgelaufen ist und bereits seine 2400km hinter sich hat. Täglich läuft er mittlerweile zwischen 40km und 60km! Nicht schlecht, das ist ein gutes Stück, aber ich habe eigentlich nicht vor, meinen gestrigen Trip zu wiederholen und da sein Tempo auch ganz schön straff ist, lasse ich ihn nach einer Weile davon ziehen. Mittlerweile ist es 14:30 Uhr und die Sonne wird nicht schwächer. Bis auf ein paar kleine stillstehende Wölkchen am Himmel tut sich nichts in der Luft. Ich beschließe für mich, bis spätestens 17 Uhr einen Platz zum Nächtigen gefunden zu haben. An einer Mauer, die ich wenig später passiere, lese ich dann folgenden Text auf Deutsch und fühle mich direkt angesprochen:

Staub, Schlamm, Sonne und Regen,
das ist der Weg nach Santiago.
Tausende von Pilgern und mehr als tausend Jahre.

Wer ruft dich Pilger, welch geheime Macht lockt dich an?
Weder ist es der Sternenhimmel, noch sind es die großen
Kathedralen, weder die Tapferkeit Navarras, noch der Riojawein,
nicht die Meeresfrüchte Galiciens und auch nicht die Felder
Kastiliens.

Pilger, wer ruft dich, welch geheime Macht lockt dich an? Weder sind es die Leute unterwegs, noch sind es die ländlichen Traditionen, weder Kultur und Geschichte, noch der Hahn Santa Domingos, nicht der Palast von Gaudi und auch nicht das Schloss Ponferradas.

All dies sehe ich im Vorbeigehen und dies zu sehen ist Genuss, doch die Stimme, die mich ruft, fühle ich viel tiefer in mir. Die Kraft, die mich voran treibt, die Macht, die mich anlockt, doch ich kann sie mir nicht erklären, dies kann alleine nur er dort oben.

Wie versteinert starre ich auf die Wand vor mir. Wieso steht das da in Deutsch? Und wieso fühle ich mich direkt angesprochen? Ich bleibe einige Minuten vor der Mauer stehen und lese mir den Text nochmals durch. Danach laufe ich gedankenversunken in Trance bis nach Nájera durch, ohne es zu merken. Als ich dort ankomme, muss ich mich erst mal orientieren, um herauszufinden, wo ich bin. Ich laufe weiter durch das Dorf und passiere einen Schuster. Welch günstiger Zufall, endlich kann ich meine Schuhsohlen in meine Schuh‘ kleben. Der Schuster begutachtet meine Sohlen skeptisch und holt dann unter der Ladenteke seinen Schatz hervor. Ich komme mir vor wie in einem schlechten Film. Ein kleines Schuhgeschäft, links von mir die verschiedensten Schuhsolen im Regal aufgereiht und der Schuster holt unter der Theke ein weißes Paar gefederte, elastische, polsterweiche Sohlen hervor, als hätte er sie extra für mich dort seit Jahrzehnten aufbewahrt. Wie einen Goldschatz überreicht er mir die Sohlen für schlappe 6,- €. Das ist es mir allemal wert und kostenlos bekomme ich noch eine Ladung Deospray in meine Stiefel. Warum er das getan hat, wollte ich dann lieber nicht fragen. Wie auf Wattewolken mit Hydraulik drunter hüpfe ich aus seinem Geschäft zurück auf die Straße. Glücklich wie ein kleines Kind muss ich meine neue

Errungenschaft natürlich auch direkt testen und laufe weiter, ohne mir die Herberge hier auch nur anzusehen.
Wenig später zieht sich plötzlich vollkommen unerwartet der eben noch so blaue Himmel zu und es beginnt fürchterlich zu donnern. Die Donnerstöße sind so gewaltig, dass ich die Vibration in meinem Körper spüre und mir ein wenig mulmig wird. Als ich Azofra erreiche, habe ich keinen Mut, auch nur einen Schritt weiter zu tätigen und checke in der Herberge ein. Eine absolut richtige Entscheidung! Unmittelbar danach fängt es fürchterlich an zu gewittern und zu regnen und binnen weniger Sekunden steht draußen alles unter Wasser. Die Herberge scheint ziemlich neu zu sein und ist in Zwei-Bett-Zimmer unterteilt. Ich nehme eine heiße Dusche in den wunderbar sauberen Einrichtungen und verarzte meine Blasen und Wunden sowie Hautreaktionen und Sonnenbrände.
Als ich anschließend runter in die Küche gehe, treffe ich schon wieder auf die Fahrradfahrer von gestern und heute morgen, die mich abermals wie ein Gespenst angucken. Diesmal fragen sie mich, wie ich das mache und ob ich wirklich zu Fuß unterwegs bin. Es ist nicht so, dass ich es eilig hätte oder für mein Ego bräuchte, aber irgendwie macht mir das Laufen Freude. Habe auch außer den paar Blasen und der Schürfwunde keine wirklichen Probleme. Meine Rückenschmerzen sind wieder weg, meine Füße tun auch nicht weh und seit ich täglich die Magnesiumtabletten nehme, habe ich auch keine Muskelkrämpfe mehr. Was meine mentale Verfassung betrifft, könnte nicht besser sein!

18.06.09, Donnerstag – Azofra nach Belorado

Mein Zimmergenosse namens Teemu aus Finnland stellte sich gestern Abend noch als witziger und netter Kerl heraus. 33 Jahre alt, Grafikdesigner und mit dem Fahrrad unterwegs. Eigentlich bin ich den Fahrradfahrern ja immer skeptisch gegenüber eingestellt. Die brettern den Weg in 1-2 Wochen nach Santiago durch, ohne sich auch nur einmal umzudrehen. Außer sportlichen Ambitionen fällt mir kein anderer Grund ein, wieso man den Camino mit dem Fahrrad zurücklegen sollte. Teemus Antwort war: „Ich liebe Fahrradfahren und habe nur 2 Wochen Zeit." Mit dieser Antwort kann ich leben, frage ihn aber dennoch, ob er nicht mal Lust hätte, den Weg zu Fuß zu gehen, was er mir ausdrücklich bejaht. Hätte er mehr Zeit, würde er traditionell zu Fuß pilgern. Es gibt manche Pilger, die jedes Jahr nur einen Teil laufen, dann wieder nach Hause fahren und im nächsten Jahr dort ansetzen, wo sie letztes Mal aufgehört haben. Wäre zwar nichts für mich, aber für viele scheint dies eine Lösung zu sein. Bevor wir schlafen gehen, fragt er mich, ob er seinen Wecker morgen früh stellen dürfe. Das ist echt mal nett, denke ich mir und gebe ihm volle Handlungsfreiheit. Morgens um 5:45 klingelt Teemus Wecker. Ich stehe mit ihm auf und nutze die kühlen Morgenstunden, um auch zu starten. Unten in der Küche trinken wir noch zusammen einen Kaffee, bevor ich mich verabschiede. Teemu deutet mir aber an, er werde mich sowieso gleich wieder einholen. Ich glaube es ihm aufs Wort und wandere los. Etwa 45min später taucht er auf und sein nettes, freudig grinsendes Gesicht macht mir echt gute Laune. Wir plaudern wieder über allerlei Dinge, bevor er etwa eine Stunde später wieder aufs Bike springt und weiter radelt, es aber nicht vorher versäumt, mich nach Finnland einzuladen. Ich war schon mal in Norwegen auf Trackingtour, was ziemlich hart war.

Mehr als 5km bis maximal 10km waren am Tag nicht drin, selbst wenn ich den ganzen Tag gelaufen bin.
Um 11:15 Uhr erreiche ich Santo Domingo de la Calzada und mache es mir auf der Plaza des Dorfes bequem, um mein Frühstück zu mir zu nehmen. Neben mir in Sichtweite steht die berühmte Kathedrale mit dem angeblichen Gockel, der einem Glück auf der Reise beschert, sollte er beim Betreten der Kirche krähen. Dieser Aberglaube stammt von einer Geschichte, in der ein Junge zum Tode verurteilt wird. Die Eltern beteuern seine Unschuld und der Bürgermeister, der grade beim Mittagessen sitzt, spricht „Der Junge ist so schuldig, wie dieser Hahn hier tot ist". In diesem Moment erhebt sich das gerupfte Huhn und flattert davon. Seitdem wird in der Kirche ständig ein Hahn gehalten. Da ich mir nicht vorstellen kann, dass die Spanier tatsächlich ein lebendiges Huhn in ihrer Kirche haben, gehe ich von einer Bronzeskulptur oder etwas ähnlichem aus. Umso mehr erschrecke ich, als bei meinem Betreten plötzlich ein Hahn kräftig zu krähen anfängt. Vollkommen irritiert muss ich anfangen zu lachen und erblicke tatsächlich in einem Käfig im Inneren der Kathedrale einen lebendigen Hahn. Na, damit hab ich wirklich nicht gerechnet und dass das Vieh mich auch noch mit Glück segnet, ist die Krönung. Freudig verlasse ich das Gotteshaus wieder und frage mich, in welcher Form das Glück mir auf der Reise wohl begegnen wird, denn eigentlich bin ich bereits restlos glücklich.
Vor der Kirche stehen 2 Mädels und gucken mich lächelnd an. Diese Situation kommt mir bekannt vor. Ich muss sofort an die Dänin aus Viana denken. Genau wie dort überlege ich nun auch hier, ob ich diese beiden jungen Damen irgendwoher kennen sollte, bin aber der festen Überzeugung, dass ich auch diese noch nie zuvor in meinem Leben gesehen habe, geschweige denn mit ihnen geredet habe. Kaum beende ich diesen Gedanken, stehen die beiden auch schon kichernd vor mir und drängen mir ein Gespräch auf. Mein nächster Gedanke ist: „Soll das der

glückliche Segen sein, den ich vom Hahn erhalten habe?“ Da ich jedoch grade weder an einer Konversation noch an den beiden netten Mädels interessiert bin, muss das Glück wohl anderen Ortes auf mich warten. Sie erzählen mir, dass sie mich gestern bereits gesehen haben und heute hier in Santo Domingo nächtigen werden. Die beiden sind außerordentlich nett und ich will auch nicht zu eingebildet sein, um dies als Anmache aufzufassen, aber ein wenig merkwürdig erscheint mir diese Situation schon. Ohne groß drum herum zu reden, wünsche ich den beiden noch einen schönen Aufenthalt und entschuldige meinen Rückzug damit, dass ich grade ein wenig Tagebuch schreiben wollte und man sich bestimmt später auf dem Weg wieder trifft. Nichts für ungut, aber ich bin und bleibe nun mal ein Einzelgänger und lege nur selten Wert auf Gesellschaft. Das mit den Tagebuchaufzeichnungen war übrigens nicht gelogen. Wenn ich etwas vorhabe, dann lasse ich mir nur ungern dazwischen reden und mich davon abbringen. Zu einem anderen Zeitpunkt wäre ich eventuell auf die Konversation eingegangen. Ich setze mich wieder an meinen Platz an der Plaza und schreibe ein wenig. Danach beschließe ich, das letzte Stück bis nach Granón zu laufen, habe nämlich vor, dort zu nächtigen. In Granón gibt es eine Herberge namens San Juan Bautista im Dach der Kirche. Sie wurde mir bereits in Pamplona von der dortigen Hospitalera empfohlen und gilt als eine der gemütlichsten und stimmungsreichsten Herbergen auf dem Camino. Als ich wenig später gegen 14 Uhr in Granón ankomme, bin ich absolut begeistert von der Atmosphäre, verspüre aber dennoch einen starken Drang, heute noch ein wenig mehr zu laufen. Keine Ahnung, woher ich die Energie nehme. Nach einigem hin und her beschließe ich, meinen Weg fortzusetzen. Während ich dann wieder unterwegs bin, ärgere ich mich über meine Kopfentscheidung. Hatte mich seit Pamplona auf diese Herberge gefreut und mich sehr wohl gefühlt, als ich sie betreten habe. Wieso bleibe ich dann nicht einfach da? Ich habe doch jede Menge Zeit, ich kann auch morgen weiter laufen, das muss doch nicht heute sein. Außerdem, je mehr ich am Tag laufe, umso schneller bin ich letzten Endes am Ziel. Ich will aber gar nicht ankommen, denn das, was mir Freude bereitet, ist das Laufen, ist der Weg zum Ziel.

Statt mich jedoch weiter zu ärgern, freue ich mich über diese Erkenntnis, die ich nur machen konnte, da ich nicht in Granón geblieben bin und sehe nun wieder das Positive in meiner Entscheidung. Außerdem überlege ich, dass ich nach Ankunft meiner Reise noch mal zurück fahren könnte, um den Navarrischen Weg bis Puente la Reina zu gehen.

Gegen 15:30 Uhr packt mich der Hunger und ich mache eine kleine Pause, um meine zuvor erworbenen Tintenfische aus der Dose zu plündern. Schmecken ganz gut, aber nach dem dritten oder vierten wird mir der Geschmack dann doch zu intensiv, so dass ich Nummer Fünf für die Katzen zurücklasse. Keine Minute vergeht, da taucht die erste Katze auch schon auf, als hätte sie nur darauf gewartet. Auf der Suche nach meiner heutigen Nächtigungsmöglichkeit fällt mir auf, dass ich eine Idealvorstellung von meiner Platzsuche zum Campen habe. Es muss möglichst abseits vom Weg sein, einen klaren sauberen Fluss zum Waschen und Trinken haben und auch noch in der schönen Natur zwischen Bäumen und Sträuchern auf einer grünen Wiese liegen. Kein Wunder, dass ich immer so lange brauche, bis ich sesshaft werde. Sollte wohl meine Ansprüche ein wenig runter schrauben. Um mir dieses Problem heute zu ersparen, peile ich eine Herberge in Belorado an, welche angeblich über einen Pool verfügt. Meine Schuhe habe ich mittlerweile super locker geschnürt, so dass ich so viel Platz wie nur irgend möglich darin habe. Hätte nie gedacht, dass die Füße so extrem beim Gehen anschwellen. Nächstes Mal kaufe ich mir meine Schuhe zwei Nummern zu groß. Bei Globetrotter hatte man mir gesagt „schön fest zuschnüren, dass du nicht hin und her rutschen kannst“. Na ja, ist wohl Geschmackssache. Im

Rücken spüre ich seit einer Weile wieder diesen stechenden Schmerz, der jedoch nur an einer kleinen Stelle auftritt. Kann mir nicht erklären, wie das zustande kommt und versuche den Schmerz zu ignorieren, indem ich mich über meine bequemen neuen Schuhsolen freue. Mittlerweile habe ich es aufgegeben, mein T-Shirt zu tragen, da es innerhalb der ersten Stunde nassgeschwitzt ist. Außerdem ist es tagsüber so brütend heiß, dass es eine absolute Wohltat ist, mit nacktem Oberkörper zu laufen. Auch meinen Bartwuchs beginne ich zu ignorieren und lasse ihn einfach wachsen. So langsam werde ich wieder zum Pilger.

In der Herberge in Belorado angekommen, treffe ich wieder auf Hans (oder war es Heinz?), der grade seinen bereits komplett durchgelaufenen Schuhe repariert. Kein Wunder, dass nach 2400km kein Profil mehr unterm Schuh ist und man seine Socken sehen kann. Ich setze mich zu ihm und halte mir die Hand auf den schmerzenden Punkt an meinem Rücken. Wir plaudern ein wenig über den heutigen Tag und machen uns dann auf in den Garten, den Pool auszukundschaften. Es wurde nicht zu viel versprochen. Wir können tatsächlich ein erfrischendes Bad im Pool nehmen. Ein absolut göttliches Gefühl! Der ganze Körper fast schwerelos im Wasser. Habe mich lange nicht mehr so entspannt. Aus der Küche der Herberge duftet es köstlich nach Essen und wir können es kaum erwarten, zum Abendmahl gebeten zu werden. Als es dann soweit ist, freuen wir uns wie zwei kleine Kinder auf die Bescherung. Richtig edel werden alle Pilger in einen Speisesaal geführt, mit gedeckten Tischen inklusive weißer Tischdecke! Na, das nenne ich mal nobel, zumal alles auf Spenden basiert. Ich war zwar ein wenig überrascht, als ich eincheckte und mich fragte, wo ich denn meine Spende für die Übernachtung einwerfen könne, als der Hospitaliero mich auch schon aufforderte, 5,- € für die Übernachtung direkt bei ihm zu „spenden“. 5,- € für eine Übernachtung ist ein fairer Preis, mit dem ich kein Problem habe, jedoch verstehe ich unter

dem Wort „Spende“ etwas anderes. Für mich bedeutet „Spende“: ich gebe das, was ich will, wenn ich es denn will und nicht einen vorgeschriebenen „Preis“. Aber gut, sei es drum. Das Abendessen ist köstlich und besteht aus Suppe, Salat, Hauptgang und Nachtisch. Nachdem alle gegessen haben, wird jedoch auch hier wieder die „Spende“, diesmal in Höhe von 10,- €, gefordert. Nun doch etwas verärgert frage ich mich, ob es nur mir so geht oder ob auch die anderen Pilger dies als Abzocke empfinden. Es war nichts zu teuer und das Essen wirklich gut, aber mir wurde die Freiheit genommen, selbst zu entscheiden, was ich ausgeben möchte. Die Art und Weise, wie hier das Geld gemacht wird, gefällt mir einfach nicht, auch wenn es alles seines Geldes wert ist. Dann sollen sie an die Tür schreiben: Übernachtung 5,- € und Abendessen 10,- € und nicht von „Donativo“ sprechen.
Um mich zu beruhigen, laufe ich noch einmal durch das Dorfzentrum von Belorado, bevor ich mich in mein Bett zurückziehe und wie immer prächtig schlafe. Von dem Gewitter, das die Nacht über herrscht, bekomme ich nichts mit.

19.06.09, Freitag – Belorado nach Villafranca

Wie in jeder Herberge geht auch heute morgen um 5:30 Uhr mal wieder der erste Wecker los. Die haben doch ’n Knall! 6 Uhr würde es doch auch tun! Da es anscheinend jedes Mal eine Kettenreaktion auslöst, sobald die ersten mit ihrem Gewusel anfangen und umständlich ihren Schlafsack in den Rucksack stopfen, kann auch ich nicht mehr einschlafen und schließe mich der Kettenreaktion an. Seltsamerweise bin ich in weniger als 5 Minuten startklar an der Tür und brauche nur noch meine

Schuhe anzuziehen. Ich frage mich wirklich, was die Leute da alles packen und sortieren müssen. Um kurz vor 6 Uhr verlasse ich bereits die Herberge und steuere mehr oder weniger schlafwandelnd Burgos an. Habe zwar nicht vor, heute schon bis nach Burgos zu laufen, aber man weiß ja nie, was mir spontan einfällt. Ab Burgos bin ich dann wieder auf bekanntem Terrain, denn 2007 bin ich von dort aus nach Santiago los gelaufen. Als ich Belorado 5 min später verlasse, passiere ich den „idealen Campingplatz" meiner Vorstellung. Hätte ich das gestern gewusst...

Es ist alles klitschnass und der Weg ist entweder eine riesen Pfütze oder einfach nur ein Schlammloch. Hat also wirklich gestern Nacht ordentlich gewittert. Ich versuche, ein wenig abseits des Weges zu laufen, aber am Rande der Weizenfelder ist das Wandern auch nicht wirklich angenehmer. Nach 3 Stunden erreiche ich Villafranca, das neue Ziel meiner heutigen Etappe. Meine Achillessehne hat sich gemeldet und deutet mir durch einen dezenten Schmerz an, dass sie auf der Rückseite meines Fußes tatsächlich existiert. Da die Achillessehne zu einem der häufigsten Gründe gehört, weshalb Pilger ihre Reise abbrechen müssen, gehe ich kein Risiko ein und beschließe, es für heute bei den knapp 15km zu belassen. Das vor mir liegende Stück geht auf 1120m hoch und dauert etwa 3-4 Stunden, bis man den nächsten Ort San Juan de Ortega erreicht. Keine Lust, mich voller Schmerzen über diesen Höhenpass zu schleppen und mir wohlmöglich noch eine ernsthafte Entzündung oder gar einen Riss zuzuziehen. Also steuere ich die Herberge an und stehe morgens um 9 Uhr an der Rezeption, während die letzten Pilger noch vor der Herberge sitzen und sich ihre Schuhe binden. Die müssen mich echt für bekloppt halten, wieder mal einer dieser Frühsportler. Auch die Herbergsmutter schaut mich skeptisch an, also erkläre ich ihr schleunigst, dass ich Schmerzen habe und nicht weiter laufen kann. Sie bittet mich, noch kurz draußen zu warten bis sie sauber gemacht hat, nimmt mir aber schon mal meine Sachen ab und sagt mir, es dauert nur ein paar Minuten. Sie lässt mich wirklich nicht lange warten. Nachdem sie den Eingang gewischt hat, darf ich bereits eintreten und es mir auf einem der Betten gemütlich machen, während sie noch die Räume feudelt. Ich schlafe sofort ein und wache erst am Nachmittag gegen 13 Uhr wieder auf. Meine Achillessehne ist immer noch gereizt und so humpele ich langsam zur Dusche. Als ich mir im Bad die Zähne putze, stelle ich fest, dass mir ein Stück von meinem Backenzahn abgebrochen ist. So ein Mist! Da ich keine Schmerzen habe, kümmere ich mich jedoch erst einmal nicht weiter darum. Draußen regnet es und der Himmel lässt keinen einzigen Sonnenstrahl durch die dichte Wolkendecke. Schönes kaltes Wetter, das so richtig unter die Haut geht. Ein Glück, dass ich hier drin im Trockenen sitze und nun eine lange heiße Dusche nehmen kann. Danach werde ich alle meine Sachen mal in Ruhe waschen und mir in der Küche was Richtiges zu essen kochen. Genau so handhabe ich es auch und den Rest des Tages verbringe ich damit, Hörbücher zu hören, auf dem Bett rumzuliegen und gelegentlich mal für ein paar Minuten einzuschlafen.

20.06.09, Samstag – Villafranca nach Burgos

5:30 Uhr Morgenapell wie immer, wenn ich nicht im Zelt schlafe. Ich bleibe noch kurz liegen, bevor ich aufstehe und bin dann wieder der Erste, der startklar ist. Wieder frage ich mich: „Was um alles in der Welt müssen die so lange packen?“

Gleich zum Start geht's steil bergauf. Wusste zwar schon, dass ich heute auf über 1000m hoch muss, aber den Anstieg hätte man ja ein wenig verteilen können. Was soll's, muss ich wohl durch oder besser gesagt hoch. Oben angekommen, werde ich sogleich belohnt und befinde mich auf einem wunderschönen Abschnitt des Caminos. Meiner Meinung nach einer der schönsten Abschnitte, auch wenn es nur ca. 10-15km sind. Ein kleiner, etwa 2 Meter breiter Wanderweg führt mich durch einen traumhaft schönen Märchenwald, bewachsen mit moosbedeckten alten Eichenbäumen, Gräsern und Farnen, umhüllt von Nebel mit gelegentlichem Blick in tief unter mir gelegene Täler. Beim Anblick dieser Natur entsteht zum ersten Mal eine Antwort auf die Frage „was ist Gott?" in meinen Gedanken.
Mein Reiseführer schreibt, diese Region sei bekannt für Schneefall bis zu 50cm in einer Nacht und das sogar noch im März. Na, ein Glück, dass wir Hochsommer haben, sonst wäre hier kein Durchkommen. Mitten aus dem Berg sehe ich vor mir eine Quelle fließen, die eiskaltes, kristallklares Wasser spendet. An der Quelle angebracht ein riesen Schild mit durchgestrichenem Wasserhahn und der Aufschrift „Agua no potable" (Kein Trinkwasser). Mir sind diese Schilder nun schön öfter untergekommen und da ich mich nicht entsinnen kann, solche Hinweise vor zwei Jahren bereits gesehen zu haben, müssen die alle neu angebracht worden sein. Ich frage mich nur: warum? Schließlich sind diese Quellen teilweise mehrere Jahrhunderte alt und es haben schon Millionen von Pilgern aus diesen Quellen getrunken. Und nun, im Zeitalter der modernen Technik, sind diese natürlichen Quellen plötzlich vergiftet oder wie? Das Wasser ist so klar und sauber, wie es nur sein kann. Nur weil es nicht gechlort ist, ist es doch nicht gleich ungenießbar? Ganz im Gegenteil, mir schmeckt dieses Wasser wesentlich besser als Wasser aus den Wasserhähnen. Ich mache mir also auch heute nichts aus der Todeswarnung und fülle

meine Flasche hier auf. Währenddessen sehe ich von hinten zwei Pilger mit ihrem Esel im Schlepptau ankommen. Sie steuern direkt auf mich zu und begrüßen mich mit einem übernatürlich freundlichen „bonjour, Monsieur!“ Danach stürzen sie sich an den Brunnen und füllen ebenfalls ihre Wasserflaschen auf, ohne dem Hinweis auch nur die geringste Beachtung zu schenken. Es handelt sich um zwei Franzosen, Vater und Sohn, die seit Monaten mit ihrem Esel nach Santiago unterwegs sind. Habe schon zuvor von anderen Pilgern von den beiden gehört und da stehen sie nun. Komisch, dass die Franzosen alle mit einem Esel unterwegs sind. Da ich leider kein französisch spreche und sich ihre Englischkenntnisse auf ein Minimum beschränken, ist unsere Konversation nicht von allzu langer Dauer und so ziehe ich weiter.

Die Sichtweite beträgt aufgrund des Nebels an manchen Stellen nicht mehr als 100m und es ist immer noch relativ kühl, jedoch nicht kalt. So lässt es sich sehr gut laufen. Meine Achillessehne schmerzt nicht mehr, jedoch spüre ich schon wieder diesen stechenden Schmerz an einer Stelle im Rücken. Dennoch wandere ich non-stop über die Montes de Oca bis nach San Juan de Ortega. Das Dorf besteht nur aus einem einzigen Kloster und der dazu gehörigen Kirche, in der man noch heute die Urne vom heiligen Juan begutachten kann. Als ich ankomme, ist natürlich alles geschlossen. So muss ich mich mit einer Besichtigungstour von außen zufrieden geben.

Meine Achillessehne meldet sich nun doch wieder leicht, weshalb ich meine Schuhe noch weiter öffne, als ich sie ohnehin schon trage. Die obersten Schnüre ziehe ich nun gar nicht mehr zu und habe somit noch mehr Freiraum, was meine Achillessehne sofort spürbar schont. Bei diesem Erste-Hilfe-Stopp finde ich nun auch endlich den Grund für den seit 3 Tagen stechenden Rückenschmerz heraus. Es ist nichts weiter als meine metallene Brotdose, welche ich immer in einer Tasche im Inneren des Rucksackes verstaue und von der eine Ecke ganz leicht den

Rucksack ausbeult. Im Grunde wie die Prinzessin auf der Erbse, wenn jedoch die Erbse bei jedem Schritt an die gleiche Stelle im Rücken drückt, so hat man nach einigen hundert Kilometern einen blauen Fleck, der ganz schön weh tun kann. Da muss man erst mal drauf kommen, zumal es mit bloßem Auge nicht sichtbar ist. Mir erzählte später ein Pilger, er habe sein Portemonnaie immer in der Hose gehabt und davon ebenfalls einen blauen Fleck bekommen.

Auf der stillen Straße, auf der ich nun laufe, kommt mir plötzlich ein grüner Pickup entgegen. Als er näher kommt, erkenne ich einen alten Mann am Steuer, sowie zwei Hunde auf dem Beifahrersitz und einen weiteren hinten auf der Ladefläche. Freudig grüße ich das Gespann und grinse über diesen lustigen Anblick, als Hund Nummer vier etwa 30 Sekunden später um die Kurve gehetzt kommt und dem Wagen hinterher rennt. So kann man seine Vierbeiner auch ausführen.
Der nächste Ort, den ich erreiche, ist Atapuerca. Eigentlich ein Ort wie jeder andere auf dieser Reise, wäre da nicht die 800.000 Jahre alte Gesteinsschicht, in der die ältesten menschlichen Überreste Europas gefunden wurden, der Homo antecessor. Ich werfe einen Blick auf die Ausgrabungsstädte, kann aber außer jeder Menge Steine nichts Aufregendes entdecken und setze mich daher lieber vor die Dorfbäckerei, um mein Frühstück in Gesellschaft zweier Spatzen zu mir zu nehmen. Vor kurzem hatte ich noch überlegt, ob ich wirklich alles bis nach Santiago, bzw. Finisterre laufen werde. Heute habe ich nämlich das wohl hässlichste und unspektakulärste Stück vor mir. Das Industriegebiet vor Burgos! Viele Pilger nehmen für diesen Abschnitt den öffentlichen Bus, jedoch verspüre ich das Verlangen, wirklich alles zu laufen. 2007 habe ich mich schon geweigert, auch nur einen Meter mit Hilfsmitteln zurück zu legen. Nun kurz vor Ende meiner ersten Etappe bis Burgos die letzten Meter mit dem Bus zu fahren, das wäre, als würde ich

30km vor Santiago ein Taxi bestellen. Mein Entschluss steht also fest und so laufe ich auch das gesamte Industriegebiet, welches tatsächlich absolut unspektakulär, verkehrsreich und mental anstrengend ist, komplett zu Fuß bis vor die Kathedrale von Burgos. Zum zweiten Mal bin ich von der Kathedrale absolut beeindruckt!

Ich folge den Pfeilen durch die Stadt bis in den Park, indem ich damals meine erste Übernachtung in einer Pilgerherberge erleben durfte. Ich fand es grauenvoll und habe die ganze Nacht kein

Auge zu bekommen. Alles Gewöhnungssache, wie ich nun weiß, wenn man den ganzen Tag gelaufen ist, ist die Erschöpfung so groß, dass man nur noch schlafen will. Schlafe übrigens jede Nacht extrem gut, egal ob in meinem Zelt oder in einer Herberge. Heute werde ich wieder in meinem Zelt, allerdings nahe der Herberge, übernachten, so mein Plan. Als ich im Park ankomme, ist die Herberge geschlossen. Zwar sieht noch alles so aus wie damals, aber die Läden sind dicht und die Türen zu. Bin zwar ein wenig enttäuscht, aber sei es drum, ich wollte sowieso im Zelt schlafen und dann gibt's heute eben mal keine Dusche. Im Park ist ordentlich was los, alle treffen sie sich hier zum Grillen und die Jugendlichen kommen in Scharen, um sich zu besaufen. Ich baue mein Zelt inmitten dieses Chaos auf und stelle stolz fest, dass ich endlich von meiner Idealvorstellung bezüglich Wahl des Nachtlagers abgewichen bin. Nachdem mein Zelt steht, mache ich mich auf die Suche nach einem Supermarkt und rüste mich dort mit einem ausgiebigen Abendessen sowie meinem Frühstück für morgen aus. Zurück im Park gönne ich mir dann meine Mahlzeit in den letzten Sonnenstrahlen des Tages und ziehe mich danach in mein Zelt zurück. Um mein Zelt herum geht es zu wie auf einem Rockfestival, jedoch mache ich die erstaunliche Erfahrung, dass sobald ich den Reisverschluss meines Zeltes geschlossen habe, ich mich in den eigenen vier Wänden befinde und alles draußen drum herum völlig egal ist. Abgesehen vom Geräuschpegel bin ich „zu Hause" und schlafe vor Müdigkeit und Erschöpfung trotz Lärm sofort ein und wie immer durch.

21.06.09, Sonntag – Burgos nach Sambol

Habe die Nacht durchgeschlafen und wurde auch nicht von irgendwelchen besoffenen Jugendlichen belästigt. Um 5 Uhr morgens wache ich jedoch notgedrungen auf und bin gezwungen, mein Zelt für 1 Minute zu verlassen. Es ist saukalt draußen und meiner Meinung nach wie immer viel zu früh, um bereits los zu laufen. Also trete ich den Rückzug an und verkrieche mich schleunigst wieder in meinem Schlafsack. Keine Pilger, die mir mit ihren Stirnlampen ins Gesicht leuchten und auch niemand, der neben mir seinen Schlafsack umständlich in seinen Rucksack zu zwängen versucht. Schlafe daher noch mal geschlagene 3 Stunden weiter. Um 8 Uhr stehe ich dann ausgeschlafen auf und packe mein Zeug zusammen.

Ein merkwürdiges Gefühl macht sich breit, als ich mich auf den Weg mache und genau weiß, wo es lang geht, ohne auf die gelben Pfeile zu achten. Nun kommt der mir bereits bekannte Teil des Weges und ich fühle mich plötzlich wie ein Profipilger, der jeden Zentimeter auf der Route kennt. Gezielt steuere ich zum Ausgang des Parks und verlasse in Handumdrehen Burgos. Mein Ziel ist Sambol, eine kleine Herberge mitten im Nirgendwo, ohne Strom und fließend Wasser. Das Einzige, was es dort gibt, ist eine kleine Quelle, die unter der Herberge entspringt und durch den Garten fließt. Dies war 2007 meine erste Herberge, die ich nach meinen ersten offiziell gelaufenen Kilometern erreicht habe.

Kaum habe ich Burgos verlassen, klemmt sich mir ein junger Kerl namens Dennis an die Fersen und quasselt auf mich ein. Habe grade gar keinen Bock auf eine Konversation, ist meiner Meinung nach noch viel zu früh, denn grade morgens, wenn ich die ersten Kilometer laufe, habe ich gerne meine Ruhe. Es nützt nichts, ich werde von seiner Logorrhoe überflutet. Binnen weniger Sekunden erfahre ich, dass er 20 Jahre alt ist und

Medizin studieren will. Danach habe ich ehrlich gesagt aufgehört, ihm zuzuhören. Während er auf mich einredet, beginnt er mit einem irrsinnigen Rechtsdrang, mir immer wieder in die Füße zu laufen. Da er mir eindeutig zu nah auf die Pelle rückt, versuche ich, mich erfolglos mit meinem Stock zu verteidigen und diesen so gut wie nur irgend möglich als Hindernis zwischen uns aufzubauen. Trotzdem findet er immer noch einen Weg an ihm vorbei und sitzt mir schon wieder förmlich auf'm Schoß. Irgendwann wird es mir zu viel. Da er schon meine Andeutungen, dass ich gerne alleine laufen möchte, nicht verstanden hat, sage ich ihm klipp und klar: „Dennis, du latschst mir ständig vor die Füße und kommst mir eindeutig zu nah in meinen benötigten Freiraum. Kannste nicht grade aus laufen oder was is' los mit dir?"

Ich scheine nicht der erste zu sein, der ihn darauf hinweist. Mit einem Nicken macht er mir deutlich, dass meine Botschaft angekommen ist. Da alle meine Versuche, ihn loszuwerden, gescheitert sind, akzeptiere ich seine Gesellschaft und beginne, auf seine Erzählungen einzugehen. Nach einer ganzen Weile wird's sogar ganz unterhaltsam. Da er durchaus ein netter, sympathischer Kerl ist, der, wie ich feststelle, auch noch ganz schön was in seiner Birne hat, werden die Unterhaltungen durchaus akzeptabel für einen Einzelgänger, der eigentlich seine Ruhe haben wollte. Nach einer geraumen Zeit durchqueren wir eines der unzähligen Dörfchen, wo er auf alte bekannte Gesichter stößt und sich natürlich auch gleich festquatscht. Ich nutze den günstigen Moment, um mich zu verabschieden und schleunigst weiter zu laufen. Hat super funktioniert. Endlich wieder meine Ruhe, welch Wohltat.

Es geht schon den ganzen Tag nur durch endlos weite Felder über eine gemütlich breite Staubstraße. Von einigen Punkten aus hat man einen weiten Blick. Schaut man von oben auf die Felder, lässt sich ein beeindruckendes Schauspiel beobachten: Der Wind, der die Gräser hin und her weht, erschafft förmlich ein Meer aus

Feldern, soweit das Auge reicht. Ich bin total beeindruckt von dem optischen Spektakel und würde am liebsten ein Foto machen, nur wird man das da wohl kaum drauf sehen können. Beeindruckt schaue ich immer wieder auf die Felder und knalle voll auf die Schnauze, da ich mich in meinem linken Schnürsenkel mit meinem rechten Schuh verhake und ruckartig abbremse. Das Gewicht meines Rucksackes, der von der Bremsaktion nichts mitbekommen hat, tut dann sein Übriges und drückt mich der Gravitationstheorie zu Folge volle Kanne in den Dreck! Hans guck in die Luft, denke ich nur, als ich mich aus meinem selbst gemachten Lasso befreie und wieder aufrapple.
Danach guck ich mir die Wellen nur noch im Sitzen an und laufe sicherheitshalber breitbeinig, wie die ganzen coolen Rapper auf MTV das immer machen.
Sicher und unbeschadet erreiche ich am frühen Nachmittag Sambol. Der Ort ist absolut magisch und scheint wie eine kleine Oase in der Steppe das letzte Grün zu spenden. Ich lade mein Zeug ab und mache es mir draußen in der Sonne bequem. Nach und nach treffen noch ein paar weitere Pilger ein, so dass wir am Abend eine gemütliche Runde aus 6 Nationen bilden. Eine Gruppe Thailänder, bestehend aus einem Chinesen, einem Japaner und einen Koreaner sowie einen Franzosen und einen mir absolut unsympathischen Ami. Ach und zu guter Letzt natürlich ich. Die Thailänder sind 'ne nette Truppe, die mir alle sehr gefallen und lustig drauf sind. Wie so üblich für die Landsleute, machen sie von allen Dingen Fotos. Vom Essen, vom Tisch, vom Tisch mit Essen, von der Kartoffel, von der Kerze auf dem Tisch, von der Kerze mit Feuer auf dem Tisch usw. ...
Der Franzose ist ziemlich durchgeknallt. Er versucht, mir den ganzen Abend zu erklären, dass er pro Tag 80-100km läuft und den Camino seit 9 Jahren jedes Jahr geht. Habe das nach endlosen Wiederholungen vom Hospitalero übersetzt

bekommen, nachdem ich dem Dauerläufer hundertmal erklärt habe: „Ich spreche kein Französisch." Er wollte aber nicht aufgeben und hat's immer und immer wieder von vorne erklärt und einfach nur die Betonung leicht verändert. Am Ende konnte ich es fast auswendig. Ja, und Nummer 5 ist Mike, wer auch sonst? Ein viel zu dicker, grinsender, käsebleicher Ami mit viel zu viel Sonnencreme im Gesicht, der mit seinen ca. 20 Jahren echt bemitleidenswert wirkt. Später dachte ich: eigentlich fies mir, so ein Urteil über jemanden zu bilden, den ich überhaupt nicht kenne, jedoch wurde mein Urteil bereits gestern in Burgos gefällt, wo er mir das erste Mal begegnete. Ich stehe grade vor der Kathedrale, da kommt er, mit einer Zigarette im Mund, auf mich zu: „Hello, are you a pilgrim?" Verdutzt schaue ich ihn an und frage mich, was an meinem Outfit, den dreckigen Wanderstiefeln, dem unrasierten Bart, meinen Stöcken und dem dicken, knapp 20kg Rucksack mit Jakobsmuschel auf meinem Rücken etwas anderes vermuten lässt. Anscheinend ist mein Blick aussagekräftig genug und er kommt gleich zur nächsten Frage: „Do you know, where the albuerge is?" Na klar weiß ich das, du Pfeife, einfach den gelben Pfeilen folgen und du stößt automatisch früher oder später auf eine Herberge. Dennoch antworte ich freundlich und erkläre ihm, dass er sie ein paar hundert Meter die Straße weiter finden würde. Er kommt mir nicht wie ein Pilger vor in seiner Gestalt und mit seinem Outfit. Die merkwürdigen Fragen rundeten das Bild ab, um ihn in die Kategorie „Kenne ich nicht und will ich auch nicht kennen" einzusortieren. Nach einem ausgiebigen Abendessen mit ordentlich Wein, sitzt unsere Runde noch bis spät in die Nacht draußen unterm Sternenhimmel und leert eine Rotweinflasche nach der anderen. Um etwa 1 Uhr, so genau weiß ich es nicht mehr, bin ich dann so todmüde, dass ich mich in mein Zelt im Garten zurückziehe und tief und fest binnen weniger Sekunden schlafe.

22.06.09, Montag – Sambol nach Boadilla del Camino

Bis beinahe 11 Uhr morgens dauert mein Winterschlaf. Als ich aufwache, sind schon alle weg. Gemütlich mache ich meine Sachen startklar und geselle mich noch zum Hospitalero auf ein kurzes Frühstück, bevor ich starte. Heute geht's mal wieder durch Wiesen und Felder. Soweit ich mich an letztes Mal erinnern kann, ein ziemlich lockerer Spaziergang ohne größere Steigungen. Irgendwie fasziniert es mich genau wie gestern, dass ich alles schon kenne und die Erinnerungen kommen nach und nach, Meter für Meter, wieder zurück. Ist, als hätte ich durchgehend Déjà-vu-Erlebnisse. In meinem letzten Reiseführer habe ich eine Mohnblume auf der letzten Seite gepresst, da am Camino alles voll von diesen roten Blumen ist. Nun tauchen sie mehr und mehr auf und beginnen mich auf meinen Weg genau wie die immer mehr werdenden Schmetterlinge zu begleiten. Die Schmetterlinge machen mir besonders Freude. Ganz besonders auffällig finde ich die weiß - schwarz gepunkteten, die mir ständig um den Kopf und vor meiner Nase herumfliegen.

Die Temperatur steigt rapide an und gibt mir schon mal einen Vorgeschmack auf die vor mir liegende Frómista. Habe eigentlich vor, heute noch ca. 30 km bis nach Castrojeriz zu laufen, um dort am Fluss zu schlafen. Wenn ich mir jedoch meine Haut unter den Kniebandagen angucke, weiß ich nicht, ob das so eine gute Idee ist. Bei dieser Hitze schwitzt man wirklich extrem. Möchte die Bandagen am liebsten umgehend abnehmen und ins nächste Weizenfeld schleudern, denn wirklich bequem sind diese zusätzlichen Überzieher nicht, aber die Effektivität ist definitiv gegeben und so lasse ich es weiterhin schön warm an meinen Knien. Keine Ahnung, wie das in der Frómista wird, denn da gibt's keinen Schatten. Das Gebiet wird auch Miseta (Tischplatte) genannt, da es flach wie ein Tisch ist.

Zwar sehr schön zum Wandern, aber tödlich brütend heiß in meiner Erinnerung.
Über die Wiesen und Kornfelder weht ein leichter Wind, der anscheinend nur dort weht, denn ich bekomme nichts davon ab. Dennoch ergibt sich mir wieder ein wunderschönes Naturspektakel, wenn der Wind weht und die Felder sich wie ein riesiges Meer aus Wasser dazu bewegen. Je höher und weiter ich über die Felder blicken kann, umso spektakulärer ist das Schauspiel. Heute passe ich jedoch auf meine Schnürsenkel auf, um eine weitere Bauchlandung tunlichst zu vermeiden.
Um 15 Uhr erreiche ich Castrojerez mit dem Problem, dass der Supermarkt um 14:30 Uhr geschlossen hat und nicht vor 17 Uhr wieder öffnet. Ganz schön dumm gelaufen, will doch eigentlich hinter dem Dorf am Fluss schlafen, aber so ganz ohne Verpflegung reizt mich das natürlich nicht. Inspektion ist angesagt und so krame ich alles Essbare aus meinem Rucksack und breite es mehr oder weniger stolz vor mir aus. Ein Stück Wurst, ein halbes bereits 2 Tage altes Ciabatta Brot, 3 Kekse, 4 kleine Schokocroissants und eine Tütensuppe, für die ich keine Kochmöglichkeit besitze. Das ist doch schon mal was, - optimistisch betrachtet. Werfe ich das alles zusammen, werde ich zumindest psychisch satt und eine Nacht kann mein Bauch sonst auch mal ein wenig hungern. Im Notfall weiche ich einfach die Tütensuppe in kaltem Wasser auf und esse sie so. Ob dieser Gedanke jedoch so eine gute ist, möchte ich lieber nicht erfahren. Dennoch entschließe ich mich, nicht bis 17 Uhr hier rum zu sitzen und gehe weiter. Könnte auch damit zusammen hängen, dass mein Freund Mike ebenfalls hier in diesem Dorf eingetroffen ist. Also schnell wieder den Rucksack aufschnallen und weiter laufen. Als ich mich grade wieder auf den Weg machen möchte, bekomme ich mit, wie Mike eine hier sesshafte, etwa 55 jährige Spanierin fragt, wo es denn hier eine Bar oder ein Restaurant gibt. Als die Dame sich umdreht und den unförmigen Mike mit seinem Kopftuch und dem von Sonnenlotion weiß

eingecremten Gesicht erblickt, dreht sie sich schnell zur Tür um und flüchtet in ihr Haus, ohne zu vergessen, die Tür mit einem lauten Knall hinter sich zuzuschlagen. Das war mal eine deutliche Aussage und ich folge ihrem Beispiel und ergreife ebenfalls schleunigst die Flucht. Irgendwie tut er mir ja leid und wirklich stolz bin ich auf mein Verhalten auch nicht, aber er wirkt nun mal einfach unsympathisch.

Am Dorfausgang passiere ich eine weitere Herberge, die wieder mal Erinnerungen in mir weckt. Hier habe ich 2007 genächtigt und eine sehr nette Begegnung mit dem Herbergsvater gehabt. Leider steht dieses Jahr ein anderer Hospitalero vor der Tür, dennoch begrüße ich ihn herzlichst und erzähle ihm meine Geschichte. Die Herberge war sehr spartanisch eingerichtet und erbat lediglich eine Spende. Geweckt wurde man mit sakralen Gesängen und bekam dann ein einfaches Frühstück, bestehend aus Keksen, einem Apfel und Milchkaffe aus einem riesigen Topf, den der Herbergsvater ausschenkte. Der Kaffee, den ich bekam, schmeckte mir so gut, dass ich den Hospitalero dafür dankte und ihm sagte, sein Milchkaffee sei wirklich ausgezeichnet. Seine bescheidene Antwort war: „Everything taste good on the camino." Im Verlauf meiner Reise musste ich dann immer wieder an diesen Satz denken und feststellen, wie verdammt recht der alte Mann hatte. Auch dieses Jahr mache ich die Erfahrung immer und immer wieder. Eventuell ja auch heute Abend, wenn ich meine Tütensuppe in kaltem Wasser einweiche...

Vor mir liegt nun der Pass von Mostelares. Es geht auf fast 1000m hoch und dies auf nur etwa 2km Wegstrecke. Die Steigung ist entsprechend heftig und so mache ich mich dran, den Gipfel zu erklimmen. Als ich endlich oben ankomme, ist meine Wasserflasche leer, ich hab 'nen riesen Durst und einen Bärenhunger. Mein zwei Tage altes Ciabatta Brot und die halbe Wurst müssen nun bereits dran glauben. Während ich es mir schmecken lasse, gesellen sich zwei deutsche Jungs namens

Lukas und Oliver zu mir. Die beiden sind grade erst seit ein paar Tagen unterwegs, glaube, es war deren dritter Tag und noch ziemlich unbeschadet davon gekommen. Da sie ohne Pilgerstab unterwegs sind, kann ich nicht anders, als sie belehrend zu warnen und ihnen dramatisch nahe zu legen, sich schleunigst einen zuzulegen, andernfalls werden sie furchtbar leiden. Als Dank für meinen Ratschlag bekomme ich von Oliver einen Müsliriegel geschenkt mit dem Kommentar „schon mal 20g weniger zu tragen“. Recht hat er und ich nehme die milde Gabe dankend an, da ich wie bereits erwähnt im Begriff bin zu verhungern. Die beiden ziehen weiter und ich folge wenige Minuten später. Unterdessen ist es 17:15 Uhr und ich habe immer noch kein Wasser. Meine Kehle ist knochentrocken, es gibt keinen Schatten und selbst zur späten Mittagszeit kann man nicht behaupten, dass die Sonne und die Hitze spürbar nachlassen. Es geht einen langen Staubweg entlang, der mindestens genau so trocken ist wie mein Körper. Nun zahlt es sich zum ersten Mal aus, dass ich den Weg schon einmal gelaufen bin. Ich habe sofort eines dieser Déjà-vu-Erlebnisse. Am Ende dieses staubtrockenen Weges wird mich eine Quelle erwarten, die im Schatten der Bäume aus einer kleinen Mauer entspringt. Momentan befinde ich mich zwischen ausgetrockneten Wiesen und Feldern und von Bäumen und Schatten ist nichts zu sehen. Nur am Horizont ist etwas, dass ich noch nicht wirklich erkennen kann. Je näher ich komme, umso deutlicher wird es. Langsam lassen sich die Umrisse der Bäume und der Steinmauer erkennen. Als ich dann endlich die Fata Morgana erreiche, ist es genau wie erwartet. Ich habe seit zwei Jahren nicht einmal mehr an diesen Flecken gedacht und wusste gar nicht, dass ich mich noch an diese Quelle erinnern kann. Doch nun, wo ich vor ihr stehe, ist es, als wäre es erst gestern gewesen, dass ich das letzte Mal meinen Durst hier gelöscht habe. Wie ein Kamel lasse ich mich vorsichtshalber auf Reserve voll laufen und fülle meine Flasche wieder randvoll mit dem schönen kalten Wasser. Frisch betankt geht es gleich wieder besser voran. Ich laufe seit Tagen nur noch ohne T-Shirt und bin an manchen Stellen bereits verbrannt. Betrifft logischerweise hauptsächlich meine Schultern, aber auch Nacken und seitlich die Rückenpartie, die noch unterm Rucksack hervorguckt. So komme ich in San Nicolas an und mache einen kurzen Stopp in der kleinen Ermita, die zugleich Herberge ist. Auch hier kommen meine Erinnerungen wieder.

Letztes Mal, als ich diese Ermita betrat, um mir einen Stempel zu holen, begegnete ich dem wohl schönsten und femininsten Geschöpf auf Erden. In der Kirche stand hinter dem Tisch ein Mädchen in etwa meinem Alter, dessen Schönheit alles übertraf, was ich je zu Gesicht bekommen habe. Ihre Augen waren groß und braun. Sie hatte schwarzes, leicht gelocktes schulterlanges Haar und ein Gesicht, das so zart war, dass es in der Sonne sicher dahingeschmolzen wäre. Als ich damals vor ihr stand, war ich wie erstarrt und der verbalen Sprache nicht mehr mächtig. Ich habe meinen Stempel erhalten und völlig geistesabwesend den Raum verlassen. Als ich wieder zu mir kam, fragte ich mich, wieso ich ihr nicht die gepresste Blume aus meinem Reiseführer geschenkt habe. Nun stehe ich wieder vor der Kirche. Auch, wenn ich es für wenig wahrscheinlich halte, hoffe ich natürlich gleich beim Eintreten wieder vor ihr zu stehen. Ich schnalle meinen Rucksack ab, stelle ihn draußen gegen die Wand und ziehe mir mein T-Shirt über, bevor ich eintrete. Wieder werde ich von einem strahlenden Gesicht empfangen, jedoch ist das Gesicht mittlerweile ca. 30 Jahre gealtert und bei weitem nicht mehr so wie in meinen Träumen. Vor mir sitzt eine etwa 55 jährige Italienerin, die mich fürsorglich empfängt und sogleich, besorgt über meine Sonnenbrände, mein T-Shirt auszieht, um mir eine Salbe auf die roten Stellen zu schmieren. Sie bietet mir an, die Nacht heute hier zu verbringen und am Abendmahl teilzunehmen. Zahlen bräuchte ich nur, was ich kann und möchte. Das ist wirklich sehr einladend, dennoch zieht es mich fort, in der Hoffnung meinen Fluss für die Nacht zu finden, den ich mir heute morgen bereits ausgesucht habe. Eventuell ist aber auch einfach nur die Enttäuschung zu groß, nicht auf die Person gestoßen zu sein, die ich mir erhofft habe. So verabschiede ich mich dankend und überschreite die hinter dem Gebäude liegende Brücke, die die Provinzen Burgos und Palencia verbindet. Der Blick von der Brücke lässt mich Schlimmes erahnen, denn das Wasser ist lehmig braun. Eigentlich wäre das jetzt meine Chance gewesen, noch einmal umzukehren und doch in San Nicolas zu nächtigen. Ich lasse jedoch meinen Optimismus siegen und laufe weiter. War klar, dass das Wasser wenige Kilometer später nicht plötzlich glasklar ist. Als ich die Stelle erreiche, wo ich campen will, bereue ich, dass ich nicht in San Nicolas geblieben bin. Notgedrungen laufe ich also mal wieder weiter als geplant. Im nächsten Dorf erhoffe ich mir dann eine Einkaufsmöglichkeit und werde auch fündig. Nur scheinen hier die Uhren anders zu laufen, denn obwohl Siesta vorbei ist und wir es kurz nach 18 Uhr haben, sind auch hier alle Geschäfte geschlossen. Zum Glück bin ich noch ziemlich fit und habe keine außergewöhnlichen Behinderungen heute. Die Füße sind immer platt gelaufen und die Blasen hier und da gehören so sehr dazu, dass ich sie schon nicht mehr spüre. Solange ich keine Knieprobleme oder Rückenschmerzen bekomme, liegt es lediglich an meiner Kondition. Aber bisher waren es eigentlich immer meine Muskeln, die aufgaben, bevor ich das Limit meiner Kondition überschritten hatte. Ich spiele mit dem Gedanken, heute mal in der Nacht zu laufen. Irgendwie reizt mich die Idee, man hat seine Ruhe, eine angenehm kühle Temperatur zum Wandern und einen wunderschönen Sternenhimmel mit Milchstraße, die einem mehr oder weniger genau den Weg nach Santiago zeigt. Vor mir liegt die Miseta, auch wenn das noch ein gutes Stück ist, bis ich in Frómista ankomme, finde ich die Idee nicht schlecht, mir die Hitze durch eine Nachtwanderung zu ersparen. Mein nächster Gedanke ist: „Ruhig Brauner! Ein

Schritt nach dem anderen und wenn du da bist, kannste dir das Ganze noch einmal überlegen.“ Und so trotte ich gemütlich weiter. Ohne merklichen Anstieg erreiche ich den Cisa-Pass, von wo aus man wieder einen sehr schönen Ausblick hat.

Die Stunden vergehen und mein Hunger meldet sich wieder. Schließlich ist es schon eine ganze Weile her, dass ich mein selbstgeschmiertes, zwei Tage altes Bocadillo verdrückt habe. Der Hunger treibt mich an und ich erhöhe mein Tempo deutlich, um noch etwas Essbares aufzutreiben, bevor ich dann endlich mein Nachtlager aufschlagen kann. Um etwa 21 Uhr erreiche ich Boadilla del Camino. Ich laufe das gesamte Dorf ab, werde aber bitterlich enttäuscht, da ich weder einen Minimercado noch eine Tienda finde. Kurz überlege ich, in dem einzigen Restaurant, das eher eine Bar ist, nach etwas Essbaren zu fragen, entschließe mich dann aber, wieder zum Dorfeingang zurück zu kehren und in der Herberge um Hilfe zu bitten.

Gesagt, getan und so lerne ich Serra, den Herbergsvater der privaten Herberge kennen, die er grade erst 2008 eröffnet hat. Ich erkläre ihm meine Situation und er ist sofort hilfsbereit und bittet mich, ihm zu folgen. Zwar erklärt er mir, dass er nichts hat, aber einen Apfel, Orangen, eine angebrochene Packung Kekse sowie ein rohes Ei kann er dann doch noch auftreiben. Auf meine Frage hin, was er dafür verlange, lehnt er nur kopfschüttelnd ab und bittet mich, an seiner kleinen Bar Platz zu nehmen. Wir beginnen ein sehr nettes langes Gespräch und ich verdrücke binnen weniger Sekunden die Früchte, die Kekse und sauge zum Schluss auch noch das rohe Ei aus. Beeindruckt von meinem Hunger holt er unterm Tresen seine persönliche Kekspackung hervor und zapft mir erst einmal ein ordentliches Bier. Mein Magen füllt sich weiter mit leckeren Keksen. Serra kommt noch einmal auf meine Frage zurück, was ich ihm schuldig bin und deutet an die Decke seiner Bar, die voll von Postkarten ist. Alles Pilger, denen er einen Gefallen getan hat oder die einfach einen netten Aufenthalt in seiner Herberge hatten. Wenn ich Lust habe, kann ich ihm am Ende meiner Reise eine Karte als Dank schicken. Von so viel Gastfreundlichkeit überwältigt, verspreche ich ihm, dies auf jeden Fall zu tun. (Habe ihm am Ende meiner Reise aus Finisterre eine Karte geschickt.)
Ursprünglich wollte ich heute bis Frómista laufen und dort ein wenig pausieren, um dann in der Nacht weiter zu laufen. Als ich jedoch das nächste Mal auf die Uhr schaue, ist es bereits 23:30 Uhr und Serra hat es auch nicht nur bei einem Bier belassen. Etwas angetrunken und nun doch todmüde beschließe ich daher, mein Zelt auf der angrenzenden Wiese aufzuschlagen und auf eine Dusche zu verzichten. Ist auch gar nicht so das Problem, ungeduscht zu schlafen, denn der Schweiß ist mittlerweile getrocknet. Problematisch wird es erst, wenn man die Schuhe auszieht. Wäre ich jetzt in einer Herberge, wäre es mir fast peinlich und die anderen Pilger würden mir regelrecht leidtun. So muss nur ich leiden, bis ich meinen verdienten Schlaf finde.

23.06.09, Dienstag – Boadilla del Camino nach Carrión de los Condes

Mit einem leichten Kater wache ich morgens um etwa 8 Uhr auf und kippe erst einmal einen halben Liter Wasser in mich hinein, um anschließend zur nahegelegenen Quelle zu gehen und diesen Vorgang noch ein weiteres Mal zu wiederholen. Es ist noch ziemlich kühl und keine Menschenseele zu sehen. Bevor ich meine Sachen packe und losziehe, hole ich die gestrige nicht genommene Wäsche nach, auch wenn es eigentlich nutzlos ist, sich vor der Wanderung zu waschen. Aber irgendwie ist mein Verlangen zu groß. Habe ziemlich wirres Zeug heute Nacht geträumt, wurde von meinen Eltern bevormundet und sie haben mir den Autoschlüssel abgenommen. Meine Nachbarn tauchten dann auch noch auf und gaben mir kluge Ratschläge. Was soll's, um meinen Autoschlüssel brauche ich mir momentan keine Gedanken machen, zumindest nicht im wachen Zustand.
Um 9 Uhr bin ich startklar und mache mich wieder auf den Weg zu neuen Abenteuern. Mal sehen, wie weit ich heute komme. Es geht bis Frómista an einem langen Kanal entlang. Zur Linken schaut man weit über Felder und Wiesen. In Frómista selbst steht eine der vier großen frühen romanischen Kirchen des Jakobsweges, die Kirche San Martín. Als ich dort ankomme, bin ich jedoch enttäuscht darüber, dass ich für das Betreten der Kirche einen nicht grade günstigen Eintritt zahlen muss. Da es jedoch keinen Sinn hat, sich über etwas Gedanken zu machen, das man am Ende eh nicht ändern kann, beschließe ich, mir die Laune nicht verderben zu lassen. Eigentlich ist es ja nichts Ungewöhnliches, dass Eintritt für die Besichtigung einer Kirche verlangt wird, aber dennoch frage ich mich, ob man sowas rechtfertigen kann. Was ist zum Beispiel, wenn ich jetzt die Kirche betreten will um einfach nur zu beten? Dafür kann man von einem Gläubigen doch kein Geld verlangen? Was soll´s.

Nach meiner Besichtigungstour und einem kleinen Aufenthalt in Frómista ist es bereits Nachmittag und die Sonne strahlt mich wie jeden Tag mit voller Kraft an. Heute kommt es mir jedoch noch ein wenig heißer vor als die letzten Tage. Verlässt man Frómista, beginnt ein langer Schotterweg, voll mit diesen Muschelwegweisern.

Das Stück erscheint mir nicht enden zu wollen. Als es schließlich endet, geht es im Grunde genau so weiter, nur ohne die ganzen Pfeiler. Es ist eintönig und langweilig. Und die Temperatur! Ich weiß, ich wiederhole mich, aber die Temperatur ist wirklich so verdammt unerträglich heiß, dass es nicht mehr mit den letzten Tagen, als es ja bereits heiß war, zu vergleichen ist. Die Luft steht und flimmert, wenn ich grade aus blicke. Atme ich tief durch die Nase ein, fühlt es sich so an wie in der Sauna, wenn die heiße Luft durch die Nasenflügel in die Atemwege strömt. Es ist so

heiß, dass es weh tut! Ich setze mich kurz an eine kleine Quelle, an der ich vorbei komme, laufe aber dann weiter, weil ich sonst nicht mehr hoch kommen würde. Als ich in Villalcázar de Sirga ankomme, bin ich total fertig. Nicht nur die Hitze, auch die Eintönigkeit der Etappe schlägt mir auf die Kondition. Mein Rucksack hat heute auch noch Übergewicht, da ich heute Morgen sicherheitshalber etwas mehr eingekauft habe, um heute Abend nicht wie gestern zu verhungern. Da ich es jedoch nicht mehr aushalte, lasse ich einiges in meinem Magen verschwinden, inklusive des leckeren Orangensafts. Schon mal etwas über ein Kilo weniger zu schleppen.
Nach einem Gewaltmarsch, der von der Länge her ein Katzensprung war, komme ich endlich in Carrión de los Condes an, dem regulären Etappenziel. Ich erkenne den Ort wieder und steuere direkt durch die Gassen zum Park, wo ich einen großen, klaren Fluss in meiner Erinnerung habe und siehe da, er ist genau so, wie ich es erwarte! Direkt im Park mit grüner Wiese und schattenspendenden Bäumen fließt ein kristallklarer Fluss vor mir entlang. Ohne lange zu zögern, lasse ich meine Sachen fallen und gönne mir ein hervorragendes Bad. Den Rest des Tages verbringe ich faul auf der grünen Wiese, rapple mich dann am Abend noch einmal auf, um kurz zum Supermarkt zu laufen und mich dann schleunigst wieder zurück in den Park zu verkrümeln.
Ausgestattet mit Brot, Oliven, ein paar Würstchen aus der Dose, Nudelsalat und einem kühlen Bier lasse ich den Abend ausklingen, bevor ich mich vor den immer mehr werdenden Mücken in mein Zelt flüchte.

24.06.09, Mittwoch – Carrión de los Condes nach Sahagún

Um etwa 4:30 Uhr werde ich von der Kirchturmglocke kurz aus dem Schlaf gerissen, döse aber sofort weiter. Eine Stunde später, um 5:30 Uhr, schrecke ich wieder hoch. Die Glocke schlägt immer nur 2x. Ich bin leicht verwirrt, da sie meiner Meinung nach vorhin bereits „die zwei Uhr" angekündigt hat. Steht die Zeit etwa? Ich schaue auf die Uhr, halb sechs. Habe merkwürdige Träume gehabt. Konnte unter Wasser atmen und habe in meinem alten Elternhaus mit einem bereits verstorbenen, sehr guten Freund von mir gespielt. Wir waren draußen im Garten und alles stand unter Wasser. Dennoch war nichts Bedrohliches daran, eher wie ein schönes Aquarium. Es war noch eine dritte, unbekannte Person anwesend, die ich nicht erkennen konnte und bei der ich auch keine Erinnerung an deren Aussehen habe. Sie war einfach „da". Haben uns vor ihr in meinem Kinderversteck hinter drei großen Tannen versteckt. Als sie uns suchen kam, konnte ich sie überwältigen. Langsam fange ich an, mich für meine Träume zu interessieren. Würde zu gerne wissen, was diese zu bedeuten haben. Werde mir, wenn ich zurück komme, ein Buch über Traumdeutung kaufen.
Um 6 Uhr stehe ich auf und mache mir Frühstück. Habe gestern vorgesorgt und bereits meinen Joghurtdrink sowie Schokocroissants gekauft. Das Praktische an den Croissants ist immer, dass sie im Rucksack ruhig zerquetscht werden können, sie bleiben dennoch in ihrer alten Konsistenz, bappig! Um 7 Uhr ist alles gepackt und ich ziehe los.
Es war die Nacht über noch furchtbar heiß, konnte vor Hitze kaum schlafen, obwohl ich total erschöpft gewesen war. Meinen Schlafsack habe ich nicht benutzt. Irgendwann habe ich sogar das Zelt geöffnet und nur noch unterm Moskitonetz gelegen. Mal sehen, was die Sonne heute für mich vorgesehen hat. Noch ist die Temperatur sehr angenehm kühl, aber das hat nichts zu

bedeuten. Ich komme an einem Geschäft vorbei, an dem steht „Todo para el peregrino" (Alles für den Pilger). Im Schaufenster steht alles nur Erdenkliche von Deo über Wandfarbe, Pinsel, Bootslack und Bohnensamen zum selber Pflanzen. Muss herzhaft lachen und frage mich, ob ein Pilger dies wirklich alles braucht.
Ich verlasse Carrión de los Condes. Noch geht es ein wenig über Asphaltstraßen und um kleine Kurven, die aber auch immer weniger und unauffälliger werden. Mich überholt ein deutsches, etwa Mitte dreißigjähriges Pärchen. Als sie neben mir vorbei ziehen, grüße ich sie natürlich, wie es sich gehört, mit „buenos dias, buen camino". Ihr Blick bleibt stur grade aus gerichtet, als wäre ich Luft. Pff, dann eben nicht, Idioten. Hinter der nächsten Biegung steht dann plötzlich der Kerl am Straßenrand und pinkelt in die Walachei, während seine Gefährtin aus dem Busch kommt und sich ihre Hose zuknöpft. Nun bekomme ich meine Aufmerksamkeit und zwar mit einem Blick, der soviel sagt wie: „Du perverser Spanner, wo kommst du denn her?" Was kann ich dafür, wenn die mitten auf den Weg pinkeln? Ich ändere meine Meinung und mache aus den Idioten zwei absolute Vollidioten. Wie kann man bloß so eingebildet und arrogant sein? Mal ganz abgesehen davon, dass sie mich grade eben erst überholt haben, ist doch klar, dass ich unmittelbar später um die Kurve komme. Echt armselig. Natürlich überholen die beiden mich ziemlich schnell wieder, sowie einen weiteren Herrn, der unmittelbar vor mir läuft. Das gleiche Spektakel wiederholt sich, der nette Pilger grüßt die beiden und wird nicht eines einzigen Blickes gewürdigt. Sein Kommentar dazu „Hasta luego!" (Bis später). Auf jeden Fall hat er Humor. Auf seinem Rücken trägt er ein Plakat auf Französisch, das irgendwas mit Organspende zu tun hat. Vorsichtig frage ich ihn, was es damit auf sich hat, natürlich nicht, ohne ihn zuvor einen guten Morgen gewünscht zu haben. Er erklärt mir, dass er vor 10 Jahren eine Niere gespendet bekommen habe und nun für seinen Spender den Camino läuft.

Mit dem Plakat möchte er die Menschen animieren, ihre Organe im Todesfall zu spenden und damit Leben zu retten. (Man benötigt dafür lediglich einen Organspendeausweis, den man problemlos übers Internet kostenfrei als PDF runterladen kann.) Er zeigt mir noch seine Route und erzählt mir, dass er von Santiago weiter nach Portugal laufen wird. Danach trennen sich unsere Wege wieder.
Die Kurven sind unterdessen vollends verschwunden und von Asphalt ist auch nichts mehr zu sehen. Ich befinde mich auf einer kerzengraden Staubstraße und sehe bis zum Horizont nur Felder und vertrocknetes, ödes Land rechts und links des Weges. Na, das wird spannend heute! Kaum habe ich diesen Gedanken beendet, steht Dennis, die Quasselstrippe aus Burgos plötzlich neben mir. Ich ziehe die Notbremse und verlangsame mein Tempo so extrem, dass ich nahezu stehen bleibe. Alles, nur das nicht! Ich mag den Kerl, aber sein verbaler Ausfluss macht mich echt fertig. Meine Notbremsung zeigt Wirkung und nachdem er mir in weniger als 10 min mehr Informationen hat zukommen lassen, als ich wahrscheinlich für den Rest des Tages zu hören bekomme, entschuldigt er sich bei mir, dass er in diesem Tempo nicht laufen kann und zieht von dannen. Puh, grade noch einmal gut gegangen. Das hätte mir den Rest auf dieser eintönigen Strecke gegeben. Außerdem habe ich mittlerweile mehr als genug Gesellschaft, denn vor und hinter mir zieht sich die Pilgerkarawane wie ein Kaugummi. Sollte ich also Interesse an einer Konversation haben, brauche ich nicht lange suchen. Irgendwie bin ich heute nicht ganz so gut drauf. Keine Ahnung, ob das an der nicht vorhandenen Landschaft liegt oder den ganzen Pilgern um mich herum. Mein Wanderführer verrät mir außerdem, dass es später noch viel an der Schnellstraße entlang gehen wird, die parallel zur Autobahn verläuft. Noch ein Stück weiter unterquert man die Schnellstraße, um anschließend zwischen diesen beiden zu laufen! Besser könnte es nicht kommen. Oder doch? Mich holt plötzlich ein bildhübsches

Mädchen mit blonden Haaren aus Freiburg ein und drängt mir ein Gespräch auf. Sie ist mit ihrer Mutter und ihrem Onkel unterwegs, die zum Glück ein gutes Stück hinter uns sind. Wir quatschen heiter über Dieses und Jenes und plötzlich steigt meine Laune deutlich an. Die Zeit vergeht wie im Flug. Wir erreichen Calzadilla de la Cueza. Dort muss sie nun auf ihre Begleiter warten, um mit ihnen einen Kaffee zu trinken. Schade, wäre gerne noch ein Stückchen weiter mit ihr gelaufen. Haben uns danach nie wieder gesehen. Mein Weg geht schnurstracks weiter, ich nehme mir Sahagún für heute als Ziel vor.

Als ich Terradillos de los Templarios passiere, schaut's endlich mal wieder etwas hügeliger und angenehmer aus, jedoch leider nur von kurzer Dauer, denn hinter dem Hügel erscheint erbarmungslos nun die Autobahn. Jetzt geht's erst richtig los mit meiner Laune und ich wünschte, die nette, unterhaltsame, junge Blondine von vorhin wäre nun bei mir. Habe vor etwa 30min meine Kniebandagen abgenommen und nun auch noch Knieschmerzen, was auf meine Laune keinen positiven Einfluss hat. Sofort bleibe ich stehen, um bloß keine falsche Bewegung zu machen, sonst ist Ende! Meine Kniebandagen müssen also doch wieder drauf.

Irgendwann schaffe ich es, dieses grauenvolle Stück von Schnellstraße und Autobahn hinter mir zu lassen. Ich passiere einen stillgelegten Brunnen und sofort kommt eine dieser vergessenen Erinnerungen zum Vorschein. „Secret Garden" sagt mir eine Gehirnzelle. Genau hier an dieser Stelle war er letztes Mal. Nun liegt nur noch eine aus Steinen erbaute Schnecke an der Stelle. Der „Secret Garden" war ein von zwei Pilgern verzaubertes Fleckchen, wo sie kühle Getränke, heißes Wasser, Tee, Kaffee sowie Früchte und Müsliriegel ausgelegt hatten. Auf einem kleinen Tisch stand eine Box, in der man seine Spende einwerfen konnte. Jeden Morgen kamen die beiden und füllten ihren Secret Garden auf, um ihn dann den Pilgern und ihrer Ehrlichkeit zu überlassen.

Habe heute wieder ein wenig Rückenschmerzen aufgrund des zu hohen Gewichtes meines Rucksackes, dafür sind aber meine Knie nun wieder durch die Bandagen schmerzentlastet. Man kann eben nicht alles haben. Allerdings mache ich heute eine neue Erfahrung. Kleine Steine habe ich bereits jede Menge in meine Schuhe bekommen, aber heute sind es keine kleinen Steinchen, nein, es sind die Weizenkörner mit ihren Grannen, die in die Schuhe kommen und sich erbarmungslos in den Socken verfangen, um dann in die Füße zu pieksen. Das ist aber noch gar nicht das Schlimme daran. Möchte man diese nämlich nun entfernen, kann man nicht einfach den Schuh ausziehen und diese wie Steinchen auskippen, man muss sie irgendwie in den Socken ausfindig machen und einzeln herausziehen, was leichter klingt, als es tatsächlich ist. Die Dinger verfangen sich so extrem, dass ich sie nicht mehr wieder finde. Wenn ich zwei oder drei entfernt habe, sind immer noch zwei weitere irgendwo versteckt, die weiter auf mich einstechen. Habe noch Tage später beim Waschen immer wieder welche gefunden. Teufelszeug, dieses Gewächs!
Nach all den Strapazen komme ich um 16 Uhr in Sahagún an und beschließe, wie geplant hier zu bleiben. Die municipal Herberge ist im Obergeschoss der hiesigen Kirche gelegen und durch die Anordnung der Betten sehr angenehm privat gehalten. Eine kleine Küche gibt es auch und so mache ich mein volles Programm. Heiß duschen, Wäsche waschen, Blasen und Wunden verarzten und einkaufen gehen, um mir was Leckeres zu kochen. Heute gibt es für grade mal 3,- € zwei dicke Scheiben Filet vom Schlachter, mit Reis und Tomatensalat. Meistens findet man in den Herbergen zurückgelassene Sachen wie Öl und Essig, Reis, Zucker, Salz und auch mal Knoblauch, Zwiebeln oder Kartoffeln. Heute ist es Öl & Essig für meinen Tomatensalat, ein wenig Oregano und 2 Zwiebeln sowie Reis fürs Hauptgericht. Ich lasse es mir schmecken und gehe danach früh ins Bett.

25.06.09, Donnerstag – Sahagún nach Mansilla de las Mulas

Habe eigentlich wie immer sehr gut geschlafen, bin nur einmal aufgewacht, da es noch furchtbar laut war. Weiß gar nicht genau, wann ich ins Bett gegangen bin, zumindest war es super früh. Ich bleibe so lange wie möglich im Bett liegen, bevor ich aufstehe und mich fertig mache. Muss heute zur Post, bevor ich aufbreche und ein paar Dinge nach Deutschland schicken. Eigentlich sollte ich aus meiner Erfahrung wissen, was man auf dem Camino braucht und was nicht. Dennoch habe ich dieses Mal anscheinend mehr mit als bei meiner ersten Tour. Um 9:30 Uhr macht die Post auf. Ich betrete diese sofort, nachdem ich bereits 20min vor der Tür gesessen habe. Bekomme insgesamt 1,7kg zusammen, nicht übel! Das Packet kostet mich 26,- €. Bis auf persönliche Wertgegenstände gibt es nichts da drin, was den materiellen Wert aufwiegt. Mein Rucksack ist aber sofort spürbar leichter. Um 9 Uhr mache ich mich auf die Socken. Habe für heute 40km geplant, aber so was entscheide ich am Ende eh immer spontan. Meistens stimmt das morgendlich angepeilte Ziel nicht mit dem letztendlichem Resultat überein. Hinter Sahagún muss ich mich entscheiden, ob ich den alten traditionellen Weg oder die Alternativroute nehme. Die Alternative ist einige Kilometer länger, dafür aber fern ab von der Straße. Klarer Fall, da brauche ich nicht lange zu überlegen. Lieber gehe ich ein paar Stunden länger, als dass ich mir die Laune durch vorbeirasende Autos verderben lasse. In Relation sind die paar Kilometer Umweg Peanuts. Meine Entscheidung ist auf jeden Fall die Richtige, dennoch bin ich heute morgen noch etwas träge und launisch. Es geht durch die Pampa und ich fühle mich wie in einem schlechten Western. An einem kleinen Laden habe ich mir Käse und Tomaten gekauft und suche nun den idealen Patz, um mein Frühstück zu mir zu nehmen. Bisher habe ich keinen Pilger gesehen. Je weiter ich laufe, desto einsamer

wird die Gegend. Die letzten Häuser verschwinden, kein Mensch mehr weit und breit zu sehen und Autos gibt's hier im Outback auch keine. Ich bin mutterseelenallein im Nirgendwo!
Mein Reiseführer hat mir unterdessen berichtet, dass am Wegesrand bequeme Sitz und Rastmöglichkeiten vorhanden sind. Da ich diese jedoch nirgends entdecken kann und auch keine andere Sitzgelegenheit erblicke, laufe ich mit meinem Frühstück brav weiter. Möchte mich eigentlich nicht direkt an Ort und Stelle in den Staub setzen, um mein Frühstück zu mir zu nehmen. Es gibt aber auch nichts zum Sitzen hier, keinen Baumstumpf, keinen Stein, Nichts!
Zum Laufen finde ich es jedoch ganz schön. Es ist ein kleiner lichter Wald um mich herum, sofern man hier von Wald sprechen kann. Um 11 Uhr werde ich langsam ungeduldig. Da meine Laune grade rapide sinkt, setze ich mich nun doch einfach auf den Boden, um mein Frühstück zu mir zu nehmen. Derweilen verfluche ich meinen Wanderführer für die Lügen, die er mir zu erzählen versucht. Hätte mir mal ein neues Brot kaufen sollen, das Stück von gestern ist mal wieder schön bappig. Mit Käse und Tomaten jedoch fast wie neu! Wie gut, dass ich mich heute morgen in dieser Tienda nicht für Wurst entschieden habe. Nach meinem Frühstück bin ich satt und zufrieden und meine Laune ist wieder bestens. Keine 10 Minuten später erreiche ich dann die wohl angekündigte Sitz- und Rastmöglichkeit, mit Grillstelle und Wasserquelle. Musste ja so kommen, aber bringt nichts, nun enttäuscht zu sein oder sich gar darüber aufzuregen. Nachdem ich heute morgen eher träge voran gekommen bin, steigt meine Laune gegen 12:30 Uhr rapide an und ich komme so richtig in Fahrt. Es geht entlang einer Asphaltstraße. Immer geradeaus mit wenig Abwechslung. Schatten gibt es heute auch kaum welchen, dennoch gefällt mir das Stück grade ganz gut. Man kann schön verträumt einfach einen Fuß vor den anderen setzen und über Gott und die Welt philosophieren.

Erste Anzeichen von Zivilisation lassen sich für einen kurzen Moment erahnen, als ich ein Auto sichtige. Dennoch scheinen hier nicht mehr als drei Autos am Tag die Straße zu passieren.
Eine Stunde später geht's wieder zurück auf Schotterwege und stundenlang entlang eines Kanals. Das Wasser fließt glücklicherweise in die gleiche Richtung, in die ich laufe und das auch nicht zu langsam. Keine Ahnung wieso, aber irgendwie bilde ich mir ein, dass das Wasser eine irrsinnig große Wirkung auf meine Kondition hat. Fließt es langsam, werde ich träge, fließt es schnell, habe auch ich das Gefühl, fließend meinen Weg zu bewältigen. Schlimm ist es, wenn ich gegen den Strom laufen muss, habe dann das Gefühl, dass ich mir Meter für Meter erkämpfe, als würde ich im Wasser selbst laufen. Bin wieder mutterseelenallein. Kein Haus, kein Auto und kein Mensch zu sehen, soweit das Auge reicht. Manchmal singe ich, um mich bei

Laune zu halten oder einfach nur, weil es dann nicht so anstrengend ist zu laufen. Es ist wirklich wahr, es lässt sich viel einfacher wandern. Ist man bereits völlig erschöpft, hilft es, das nächste Dorf zu erreichen, ohne dass dabei die Zeit stehen bleibt. Heute habe ich jedoch andere Gefühlsausbrüche und so jubel und schreie ich aus voller Kraft, alles, was mein Stimmenorgan so hergibt. So in etwa dürfte sich jemand anhören, der grade erfahren hat, dass er den 28 Millionen Euro Jackpot im Lotto geknackt hat. Ich lasse meiner Freude freien Lauf und fühle mich danach tatsächlich wie ein Lottogewinner.
Heute sind auch meine Schmetterlinge wieder unterwegs und begleiten mich auf meiner Reise. Manchmal tauchen sie auf, wenn ich deprimiert bin und verbessern so meine Laune. Heute verstärken sie nur meine Euphorie und ich schaue ihrem Tanz zu. Meine Euphorie sprengt alle Hüllen, als ich am Boden eine Marke 100km bis Astorga lese! Habe am Horizont bereits wie in einem Scherenschnitt Gebirge ausmachen können, war mir aber bis zu diesem Moment nicht sicher, ob es sich dabei um Astorga handelt. In drei Tagen bin ich da! Der Weg von Astorga über Manjarín nach Ponferrada gehört meiner Ansicht nach zu den schönsten Etappen, die der Camino zu bieten hat. Auch danach geht es mit dem Weg nach Villafranca und O Cebreiro traumhaft schön weiter.
Zwischen Astorga und Manjarín steht das bekannte Cruz de Ferro, welches schon seit Reisebeginn ein Ziel für mich bildet. Habe 2007 ein Bild von meinem Hund dort angebracht und später erfahren, dass er an diesem Tag gestorben ist. Ich wusste bereits, dass ich meinen Hund eventuell nie wieder sehen werde, wenn ich mich auf den Camino begebe. Nun hoffe ich natürlich, zwei Jahre später das Foto wieder zu finden.
Der Weg beginnt sich immer mehr und mehr zu ziehen. Es ist 15:30 Uhr. Vor etwa zwei Stunden ist mir mein Wasser ausgegangen. Im Gegensatz zu meiner Kehle ist meine Laune immer noch feuchtfröhlich. Habe einen riesen Durst, der

beginnt, zur Übelkeit zu führen. Nach und nach merke ich, wie mein Kreislauf zusammen sackt. Ich schiebe mir einen Bonbon nach dem anderen in den Mund. Irgendwann wird mir aber auch schlecht von dem ganzen Zuckerzeug. Das Einzige, was ich noch im Rucksack habe, ist ein Rest des bappigen, alten Brotes sowie eine Dose Thunfisch. Kann Thunfisch mittlerweile auch nicht mehr sehen, aber da dies ein Notfall ist und ich merke, wenn ich jetzt nicht irgendwas zu mir nehme, klappe ich hier an Ort und Stelle auf dem Boden zusammen, esse ich das Brot mit Thunfisch. Für einen Moment eine irrsinnige Wohltat und auch danach fühle ich mich wieder besser, jedoch mit einem Nachteil. Der Thunfisch war so salzig, dass mein Durst nun ins Unermessliche angestiegen ist. Der Weg hier ist mal wieder einer dieser Etappen, die nicht enden wollen.

Während ich auf einer Bank sitze und ein wenig raste, taucht der erste Pilger auf, den ich heute zu Gesicht bekomme. Völlig außer Atem, fix und fertig, bleibt er vor mir stehen und fragt mich, ob er Reliegos bereits verpasst hat. Er empfindet den Weg genau wie ich als unverständlich lang, auch, wenn es nur etwa 10km sind. Irgendetwas macht einen hier total fertig, als würde man 50km zurücklegen. Ich versichere ihm, dass Reliegos noch vor uns liegen müsste und eigentlich jeden Moment auftauchen sollte. So fertig, wie er aussieht, würde ich ihm das wohl auch erzählen, wenn es nicht so wäre, denn eine andere Antwort würde er unmöglich verkraften. Er schleppt sich weiter und als er aus meinem Blickfeld verschwunden ist, mache auch ich mich dran, den letzten Rest dieser Deliriumetappe zu bewältigen. Die Pause hat mir sehr gut getan, auch, wenn sie meinem Durst nicht geholfen hat. Habe meine Schuhe ausziehen können und meine tauben, platt gelaufenen Füße wieder zum Leben erweckt. Blasen an den Füßen sind gar nicht mehr so das Problem, meine Füße fangen irgendwann an, einfach so zu schmerzen. Mein Rücken meldet sich in regelmäßigen Intervallen auch zu Wort und so macht er mir auch heute wieder deutlich: „Jean, du hast viel zu

viel Gewicht und die 1,7kg von heute morgen sind nur ein Tropfen auf den heißen Stein.“ Verrückter Weise benutze ich aber alles, was ich dabei habe und selbst die wenigen Dinge, die ich heute morgen nach Hause geschickt habe, waren nicht völlig unnütz. Zu meiner Verteidigung: ich lebe hier sehr spartanisch, auch wenn ich zu viel Gewicht mit mir rum trage! Da mir mein Rücken so sehr weh tut, löse ich die oberen Schnallen meines Rucksackes und verlagere so das Gewicht vollständig auf mein Becken. Der Rucksack liegt zwar nun nicht mehr direkt an meinem Rücken an und zieht mich somit nach hinten, aber der Schmerz lässt umgehend nach. Um 17 Uhr erreiche ich endlich Reliegos und suche das ganze Dorf nach Wasser ab. Nichts! Kein Brunnen, keine Quelle, kein Bach! Nicht einmal eine Viehtränke. Wie ein geprügelter Hund laufe ich weiter in Richtung Mansilla de las Mulas. Als ich aus Reliegos raus komme, taucht neben mir ein Fußballplatz auf mit einem Wasserhahn, der mitten im Nichts aus dem Boden ragt. Hoffnungsvoll steuere ich diesen an. Er ist total verrostet und quietscht fürchterlich, als ich am Hahn drehe. Er vibriert und bevor mein Gehirn schaltet, sprudelt tatsächlich Wasser aus diesem Hahn! Ich glaube ich habe noch ein paar Sekunden mit offenem Mund davor gestanden um zu realisieren, dass tatsächlich echtes Wasser aus dem Hahn kommt. Damit habe ich niemals gerechnet. Im ganzen Dorf nicht eine Wasserquelle und nun hier mitten auf einer abgebrannten, braunen Wiese ein funktionierender Wasserhahn. Keine 30 Sekunden vergehen und ich habe 1l Wasser in mich hineinlaufen lassen. Noch nie hat mir Wasser so gut geschmeckt wie in diesem Moment. Nicht im Traum habe ich damit gerechnet habe, dass dieser Wasserhahn tatsächlich an eine aktive Wasserleitung angeschlossen ist. Wie gut, dass ich ihn ausprobiert habe!
Auf meinem Weg weiter nach Mansilla de las Mulas stehen nun immer wieder Schilder „Mansilla - Leon Autobus“. Ne, ne, ne, das kommt mir nicht in die Tüte, auch wenn ich mich erinnern

kann, dass der Weg nach Leon ähnlich wie Burgos nicht unbedingt von der schönsten Naturlandschaft geprägt ist. Ich habe mich entschieden zu laufen, also werde ich keinen einzigen Meter anders als per Pedes zurück legen. Ich würde es mir nie verzeihen, wenn ich in Santiago ankomme und irgendwo 20km mit dem Bus zurückgelegt habe. Was sind 20km in Relation zu dieser Reise?

Um 18 Uhr erreiche ich Mansilla de las Mulas und werde von den in den Straßencafés sitzenden Pilgern gefeiert, als wäre ich der Apostel höchst persönlich. Keine Ahnung, was los ist, aber alle begrüßen sie mich und strahlen mich an, als wären wir alte Freunde und ich hätte sie nach einem Drei-Tagesmarsch nun endlich wieder eingeholt. Dabei kenne ich die meisten Gesichter nicht. Namen kann ich mir wirklich nicht merken, aber Gesichter und Stimmen vergesse ich nie. Brauche nur einmal mit jemanden kurz zu sprechen und seine Stimme und sein Gesicht sind bei mir im Kopf gespeichert. Ich lasse mich feiern und grüße jeden freundlich zurück. An einem Cafe sitzt dann ein Gesicht, welches mir sofort bekannt vor kommt. In der nächsten Sekunde sagt mir mein Gehirn: den hast du hier in den letzten Tagen nicht getroffen. Ich sage nur: „2007!“ Verdutzt schaut mich der Mann an und antwortet: „Ja, da war ich schon mal hier.“ Er kann mich eindeutig noch nicht einordnen, was auch kein Wunder ist, denn wir sind 2007 vielleicht grade mal eine knappe Stunde zusammen gelaufen. Wir lachen über diesen Zufall und plaudern kurz ein wenig. Wir beide wissen jedoch nicht mehr, wo genau wir uns damals begegnet sind. Wir verabschieden uns und ich mache mich auf die Suche nach einem geeigneten Zeltplatz.

Ich laufe durch die Stadt bis zur anderen Seite an einen wunderschönen Fluss. Abseits des Weges erstreckt sich ein künstlich angepflanzter Wald und ich finde meinen Platz für die Nacht, außerhalb des Dorfes, im Grünen am Fluss, perfekt. Ich schlage mein Zelt auf, lege meine Sachen ab und gehe noch einmal zurück, um mir mein Abendessen zu besorgen.

Im Supermarkt decke ich mich reichlich ein und voll beladen geht's nun in den Feierabend. Bevor es kalt wird, nehme ich mein verdientes Bad im Fluss. Das Wasser ist zwar immer ziemlich kalt, aber wenn man erst einmal untergetaucht ist, gewöhnt man sich daran und kommt man aus dem Wasser, fühlt man sich wirklich frisch und sauber.

Meine Socken sind wieder voll von diesen Weizengrannen, als ich sie wasche, keine Ahnung, wo die alle herkommen. Nach abgeschlossenem Pflichtprogramm mache ich mich über meine Einkäufe her und genieße meine 5 Sterne Suite in der Natur.
Freue mich, die Alternativroute genommen zu haben, auch wenn diese einige Kilometer länger war. Morgen geht's nach León, von hier aus keine 20km. Da ich die größeren Städte nicht unbedingt als angenehm empfinde, überlege ich, morgen eventuell direkt

weiter zu laufen und León nur zu passieren. Meine Überlegungen werden von einem lauten Donnern unterbrochen, über mir ist der Himmel blau, aber vor mir ist eine schwarze Wand am Himmel. Dennoch kommt nichts runter, zumindest nicht bei mir und der Tag klingt langsam und gemütlich aus.

26.06.09, Freitag – Mansilla de las Mulas nach León

Mitten in der Nacht um etwa 3:20 Uhr wache ich auf, da meine Blase drückt. Ich drehe mich noch ein, zwei Mal um, merke dann aber schließlich, dass es kein Entkommen gibt und ich gezwungen bin, meinen Schlafsack und mein Zelt zu verlassen. Notgedrungen krieche ich aus meinem Bau und erblicke den klarsten Sternenhimmel auf meiner bisherigen Reise. Weitaus schöner als in Sambol. Für einen Moment überlege ich, meine Sachen zusammenzupacken und los zu laufen. Mein Zelt ist jedoch von außen noch nass und ich bin eigentlich auch todmüde und stehe eher schlafwandelnd vor meinem Zelt. Kann von Glück reden, dass ich nicht in den unmittelbar vor mir liegenden Fluss gefallen bin. Die Müdigkeit siegt und ich verkrieche mich wieder in meinen Schlafsack, um sofort wieder einzuschlafen. Um 7:30 Uhr erwache ich dann erneut. Gemütlich frühstücke ich wie jeden Morgen und packe meine Sachen zusammen, so dass ich etwa eine Stunde später starte. Habe mir beim Frühstück noch mal die Route angeschaut. Bis León sind es nur 19km, jedoch gibt es die darauffolgenden 20km keine Herberge. Sollte ich also über León heute hinauslaufen, muss ich entweder 40km gehen oder halt im Zelt schlafen, was bei meiner manchmal pingeligen Suche durchaus schwierig sein könnte.

Da es keinen Sinn macht, sich darüber jetzt schon Gedanken zu machen, beschließe ich, erst einmal León zu erreichen und dann spontan weiter zu entscheiden.
Die Strecke nach León ist wie bereits erwartet grauenvoll. Eigentlich aber auch nur der Autos wegen, die zu meiner Rechten auf der Schnellstraße pausenlos an mir vorbei brettern. Der Lärm ist ohrenbetäubend und geht mir nach wenigen Minuten bereits tierisch auf die Nerven. Ein wenig aufgelockert wird meine Stimmung durch die Störche, die nach und nach immer zahlreicher auftauchen und über mich hinweg fliegen. Damit meine Laune jedoch nicht wieder ins Unermessliche steigt, schiebt dem mein Körper schleunigst einen Riegel vor. Meine rechte Achillessehne meldet sich. Hatte mit der noch nie Probleme, sonst ist es immer die linke. In Puente Villarente stoppe ich, lockere meinen Schuh ein bisschen und nehme erst einmal ein zweites Frühstück zu mir. Danach geht's endlich ein wenig von der Straße weg. Mein Lichtblick sind die Gebirge hinter Astorga am Horizont.

Vorgestern in Sahagún habe ich beobachtet, wie zwei Fahrradfahrer vor einem Hotel warteten und ein Wagen vor ihnen stoppte. Der Fahrer lud dann das Gepäck der beiden aus und die Räder ein. Jetzt grade radeln diese beiden Biker an mir vorbei mit ihren sportlichen Trikots und etwa 20min später taucht auch das Auto wieder auf. Ich weiß, ich habe eine Antipathie gegen diese Sportrennradler, die regten mich schon in Hamburg immer auf. Wieso, weiß ich nicht, denn eigentlich gehöre ich zu den Menschen, die die Meinung vertreten „Jedem das Seine"! Auch hier auf dem Camino sage ich mir immer, jeder muss den Weg so gehen, wie er es für richtig hält. Muss da gleich wieder an Hape Kerkeling denken, der sich sehr über die Herbergen ausgelassen hat und irgendwann in etwa sagte: „Das bin nicht ich, ich fühle mich hier nicht wohl und ich muss mir das nicht antun." Vor zwei Jahren noch habe ich mich darüber

geärgert. Ein Pilger gehört zu den anderen Pilgern in die Herberge. Mittlerweile gebe ich ihm in einer Hinsicht recht. Wenn er sich da nicht wieder findet, so ist es nicht sein Weg und so wird er nicht an sein persönliches Ziel gelangen. Jeder muss den Camino so gehen, wie er es persönlich für richtig hält, daher empfehle ich auch jedem, der mich fragt, alleine zu laufen, damit man genügend Freiraum hat, um zu sich selbst zu finden. Trotzdem komme ich nicht drum herum, meinen Kopf zu schütteln, wenn ich diese beiden Fahrradfahrer sehe. Es gibt auch viele Pilger, die ihr Gepäck per Auto in die nächste Herberge bringen lassen. Dabei wird das Gepäck oft mit den Lasten verglichen, die man im Leben mit sich trägt und auf dem Camino hinter sich lassen soll. Diese einfach jemanden anderen in die Hände zu drücken, kann eigentlich nicht die Lösung sein. Es gibt sogar Pilger, die extra zusätzlich Steine in ihren Rucksack packen. Je einen für jede Last, die sie loswerden wollen.
Um 13 Uhr komme ich in León an und manövriere mich durch das Straßenlabyrinth der Großstadt, bis ich die Herberge erreiche. Da meine Achillessehne sich heute gemeldet hat, beschließe ich, kein Risiko einzugehen und heute doch in León zu schlafen. Eine ältere Dame sitzt in der Herberge hinter ihrem kleinen Tischchen und stempelt die Pässe ab. Ich nehme vor ihr Platz und reiche ihr meinen Credencial. Danach werde ich von ihr in die Schlafräume geführt. Rechts die Männer, links die Frauen. Einhundertsechzig Betten in zwei Räume unterteilt. Autsch! Ich ergattere mir einen der letzten Fensterplätze und reiße erst mal das Fenster auf. Dann bekomme ich noch eine kurze Einführung von der älteren Dame, die übrigens Berlinerin ist. „Die Schuhe werden hier abgestellt, dort sind die Toiletten und daneben die Duschen. Die Herberge schließt um 21:30 Uhr und öffnet morgens um 6 Uhr. Herzlich willkommen!" Ich bedanke mich, wie es sich gehört, stelle meine Schuhe an den von ihr vorgeschriebenen Platz und lege mich erst einmal kurz aufs Bett. Nach einer ordentlichen Dusche werde ich nun die

Stadt ein wenig genauer betrachten gehen. Immerhin ist sie die frühere Hauptstadt des Königreiches Asturien-León und besitzt die angeblich schönste gotische Kathedrale Spaniens. Das Rathaus werde ich heute auslassen, da ich dieses 2007 schon ausgiebig bestaunt habe. Mal ganz abgesehen davon, dass ich morgen früh sowieso dran vorbei laufen werde. Ich kombiniere meine Besichtigungstour mit Einkäufen fürs Abendessen, stoppe auch noch einmal in einer Apotheke, um mir Voltaren Schmerzgel für meine Achillessehne und Gelenke zu besorgen und trödele dann wieder gemächlich zurück in die Herberge. Dort mache ich es mir an einem Tische gemütlich und packe meine Köstlichkeiten aus. Heute gibt es Baguette mit Wurstaufstrich, schönen Schinken und verschiedenen, eingelegten Antipasti. Es gesellen sich zwei Kolumbianer zu mir und laden mich ein, heute Abend mit ihnen und noch ein paar anderen Pilgern in die Stadt etwas trinken zu gehen und Tapas zu essen. Habe die beiden bereits in San Nicolas schon einmal gesehen und sage zu.

Am Abend treffen wir uns alle vor der Herberge und ziehen los. Insgesamt 9 Pilger aller Nationen und allen Alters von etwa 20 bis 65 Jahren. Da es in den Bars immer Tapas zu jedem Getränk gibt und wir alle hungrig sind, ist unsere Taktik einfach. In jeder Bar wird eine Runde bestellt, die Tapas verzehrt und dann zur nächsten weiter gezogen. Um 21:20 Uhr sind wir alle leicht angeheitert und einer der Pilger stellt entsetzt fest, dass wir bis 21:30 Uhr zurück in der Herberge sein müssen. Völlig desorientiert laufen wir durch die Straßen und keiner weiß mehr so recht, von wo wir eigentlich gekommen sind. Schaffen es dann letzten Endes um kurz vor 22 Uhr, die Herberge wieder ausfindig zu machen und siehe da, sie ist noch nicht verschlossen. Wie nahezu alle anderen Herbergen wird also auch hier erst um 22 Uhr die Pforte dicht gemacht. Gut gelaunt steuere ich meinen Schlafplatz an, reiße das Fenster, welches irgendein Wahnsinniger in diesem Massenschlafraum geschlossen hat, wieder auf und lege mich ins Bett. Schlafe auch sehr schnell ein und tief und fest bis etwa kurz vor 1 Uhr. Ein irrsinniger Gestank holt mich aus dem Traumland in die harte Realität zurück. Das Fenster neben mir ist wieder geschlossen und ein dicker, fetter Rucksack wurde umständlich davor platziert, dass ich es auch ja nicht wieder öffnen kann. Im Raum selbst wird ein Schnarch- und Methangasorchester veranstaltet, dass mir übel wird. Es ist stickig und ich bekomme beim besten Willen kein Auge mehr zu. Da das Fenster neben mir nun auch geschlossen ist und ich ungelogen das Gefühl bekomme zu ersticken, beschließe ich eiskalt, meine Sachen auf der Stelle zu packen und dieses Horrorszenario zu verlassen. Gesagt, getan. Um kurz nach 1 Uhr verlasse ich diese Massenviehhaltung und bin froh, als ich vor die Tür in den Innenhof der Herberge trete und frische Luft einatmen kann. Das war ja echt ein Alptraum! Ich gehe auf die Tür zu, öffne Tor Nummer eins und laufe weiter im Zwischengang auf das Ausgangstor zu. Mein Herz bleibt fast stehen, als ich an der Tür reiße und sich nichts tut. Verschlossen, so ein Misst. Entmutigt drehe ich mich wieder um, um zurück in den Innenhof der Herberge zu laufen. Als ich jedoch an dem eben passierten Tor rüttele, ist auch dieses hinter mir wieder ins Schloss gefallen und lässt sich, wie ich unweigerlich feststellen muss, nur von innen öffnen. So eine verdammte Scheiße! Ich hänge fest. In einem leeren Gang mit kaltem Steinboden zwischen 2 Pforten. Bravo! Zwar hatte mir die Berlinerin gestern gesagt, die Herberge würde um 6 Uhr öffnen, aber dass ich nicht einmal von Innen raus kann, verstößt sicherlich gegen alle Brandschutzvorschriften der EU! Meine Situation ist nicht zu ändern und so hole ich meine Isomatte raus und mache es mir auf dem Boden gemütlich. Nachdem ich mich mit der Situation abgefunden habe, denke ich mir, eigentlich hätte es nicht besser kommen können, denn nun habe ich frische Luft, ein Einzelzimmer und absolute Ruhe, um tief und fest zu schlafen.

27.06.09, Samstag – León nach Hospital de Órbigo

Um 5:00 Uhr werde ich von der Hospitalera geweckt. Völlig entgeistert schaut sie mich an, wie ich da auf meiner Isomatte vor der Tür liege. Sie hat den Schlüssel für die Ausgangstür in der Hand und wollte diese wohl grade öffnen, ist jedoch so entsetzt über mein Verhalten, dass sie mir zur Strafe die Tür nicht öffnet und sich sofort wieder umdreht, um das spartanische Frühstück zu bereiten. Blöde Zicke, denke ich mir, ist doch wohl mein Ding, wann ich gehen will. Und dass ich auf ihr Frühstück verzichte, muss sie ja nicht gleich persönlich nehmen. Nun bin ich wach und muss noch 'ne Stunde hier rum sitzen, bis ich aus diesem Gefängnis entlassen werde. Gegen 5:30 Uhr kommen weitere Pilger, die erst an der verschlossenen Tür rütteln und sich dann ebenfalls zu mir gesellen. Nach deutscher Pünktlichkeit erscheint meine liebe Berlinerin dann um exakt 6 Uhr, um die Pforten zu öffnen. Mittlerweile sind wir eine Ansammlung von etwa 15 Pilgern, die alle vor der verschlossenen Türe hocken und wie ich brav auf die höhere Macht warten.

Nun ergibt sich für mich jedoch doch noch ein Vorteil daraus, dass ich nicht mitten in der Nacht alleine loslaufen konnte, denn wie ich direkt beim Verlassen der Herberge feststelle, habe ich keine Ahnung, wie ich aus dieser Großstadt rauskomme und von gelben Markierungen oder Jakobsmuscheln ist keine Spur zu sehen. Es scheint nicht nur mir so zu gehen und so schauen sich alle hier Anwesenden erwartungsvoll an, bis ein bereits älterer Spanier zielstrebig eine Richtung einschlägt und der gesamte Trott sofort die Verfolgung aufnimmt. Der gute Mann hat auf jeden Fall den Durchblick und führt uns ahnungslose Pilger schnurstracks durch das Straßengewirr von León, vorbei am beeindruckenden Rathaus, bis zum Ausgang dieses Labyrinthes. Nach etwa 45min sind wir raus aus der Stadt. Ohne ihn hätte ich

sicherlich mehrere Stunden gebraucht oder mir gleich 3 Punkte auf den Arm gemalt und meinen Pilgerstab als Blindenstock genutzt. Am Ausgang der Stadt steht man dann vor der Wahl, entweder wieder ein paar Kilometer kürzer an der Straße entlang oder eine Stunde mehr zu laufen und dafür schön durch Felder und Wiesen zu gehen. Der gesamte Trott schlägt die Route zur Straße ein und für einen Augenblick frage ich mich, ob ich meine Karte falsch gelesen habe. Nach mehrmaliger Kontrolle schlage ich dann den anderen Weg ein und trenne mich von den anderen Pilgern. Kann nicht oft genug sagen, wie wenig ich nachvollziehen kann, wieso jemand an der Straße entlang läuft. Einige Nachzügler fragen mich sogar noch, welcher Weg welcher ist und gehen dann trotzdem den meiner Ansicht nach falschen. Ich empfinde es mental so viel anstrengender, an einer befahrenen Straße entlang zu laufen, dass es die etwa 5-10km, die man spart, nicht aufwiegen kann. Aber auch hier gilt wieder: jedem das seine!
Die von mir eingeschlagene Route übertrifft alle meine Erwartungen. Kein einziges Auto zu hören und außer ein paar vereinzelte Häuser nichts als Wiesen und Felder. Auch die Wegführung ist schön abwechslungsreich, geht immer mal wieder um Kurven, ein wenig hoch, dann wieder runter und ohne große, anstrengende Gefälle. Während ich laufe, überlege ich mir, wo ich heute Nacht schlafen möchte. Würde gerne bis Hospital de Órbigo laufen und dort im Zelt campen. Allerdings sind es etwa 40km bis dahin, also schon ein ordentliches Stück. Am Horizont sehe ich weiterhin die Berge von Astorga und nach und nach komme ich ihnen spürbar näher.
Um 12:15 Uhr durchquere ich Villar de Mazarife mit einem kurzen Besuch der Pfarrkirche des Apostels Jakobus.

Die Störche haben für ihre Nester den gestuften Glockenturm eingenommen und werden diesen wohl auch nicht mehr hergeben. Von innen ist die Kirche mit Mosaiken des ortsansässigen Künstlers geschmückt. Da dies die wohl einzige Sehenswürdigkeit hier zu sein scheint, setze ich meinen Weg fort, denn Hospital de Órbigo ist immer noch gute 20km entfernt. Es geht weiter durch riesige Maisfelder, die mich links und rechts umgeben und Kilometer weit reichen. Da es auf einer Asphaltstraße nur noch grade aus geht und die Maisfelder nach einer Stunde auch nicht mehr so spannend sind, beginnt sich das

Stück ein wenig zu ziehen. Weit vor mir sehe ich jedoch bereits eine Stadt oder zumindest ein Dorf. Ist das eventuell schon Hospital de Órbigo? Wäre nicht schlecht, denn mir ist langweilig auf dieser graden Strecke und so ziehe ich mein Tempo ein wenig an. Das Dorf stellt sich als ein Örtchen namens Villavante heraus, wo es nichts Erwähnenswertes gibt. Glücklicherweise mache ich diese Feststellung, ohne es überhaupt zu betreten, denn vor mir deutet der gelbe Pfeil, den Weg nach rechts ins Dorf einzuschlagen. Da mir dies ein wenig spanisch vorkommt, orientiere ich mich zuvor lieber selbst auf meiner Karte und entscheide dann, nicht den gelben Pfeilen zu folgen, sondern direkt weiter geradeaus zu laufen. Etwa 1km weiter trifft dann tatsächlich der „offizielle Camino" wieder auf meinen Weg. Wäre ich den Pfeilen gefolgt, wäre ich mal wieder blöd durch ein Dorf geschleust worden, in dem es nichts zu sehen gibt. Es ist nun nicht mehr weit, allerdings spüre ich, dass ich die 40 km schon erreicht haben dürfte. Durch meine Alternativroute bretterten zwar keine Autos an mir vorbei, dafür ist das Stück aber nun einmal auch ein paar Kilometer länger. Zielstrebig laufe ich weiter und erreiche endlich den Vorort Puente de Órbigo und ein paar Minuten später die berühmte Brücke, die mich nach Hospital de Órbigo führt.

Noch traumatisiert von der gestrigen Nacht, laufe ich den Fluss ab, in der Hoffnung, einen guten Platz zum Zelten zu finden. Zwar ist der Fluss klar und sauber und es bieten sich auch ein paar Möglichkeiten, aber dennoch beschließe ich, einen Blick in die Herberge zu werfen, die in meinem Reiseführer für 3,- € die Nacht angepriesen wird. Ich habe hier vor zwei Jahren schon einmal übernachtet und die Herberge war sehr einladend. Als ich dort ankomme, sitzt dort das wohl allerschönste Geschöpf, das mir jemals unter die Augen gekommen ist. Bisher dachte ich immer, das Mädchen aus San Nicolas vor 2 Jahren wäre eine Augenweide gewesen, aber diese Frau hier wird von einer heiligen Aura umgeben, als wäre sie grade vom Himmel zu uns auf die Erde herabgestiegen. Sie sitzt am Eingang neben dem Hospitalero mit einem Kruzifix an ihrer Halskette. Ihre großen braunen Augen schauen mich an, als ich eintrete. Ein Strahlen erfüllt meinen Körper, als säße dort ein Engel, der jedem Menschen Glückseligkeit beschert, der ihn erblickt. Sie hat eine leicht bräunliche Hautfarbe und brünettes, leicht lockiges Haar, in das sie ein paar Strähnen eingefärbt hat. Ihr Gesicht ist wunderschön, mit kleinen Pausbäckchen und leichten Wangenknochen, welche ihre großen braunen Augen und den schmalen Mund erst richtig zur Geltung bringen. Unschuldig mit dem schönsten Lächeln auf ihren Lippen empfängt sie die eintretenden Pilger und der rechts neben ihr sitzende Hospitalero verliert jede Beachtung. Ich stufe sie sofort als streng gläubig und unantastbar ein, als wäre sie eine Ordensschwester, welche von ihrer Klostermutter auf den Camino geschickt wurde, um danach noch überzeugter in ihr Kloster zurückzukehren und sich dann vollständig in Gottes Hände zu ergeben. Wie ich auf diesen Gedanken komme, kann ich mir nicht erklären. Sie übernimmt das Gespräch, als ich nach einer Schlafmöglichkeit frage und der Hospitalero mir deutlich macht, dass ich hier zwar herzlich willkommen sei, aber mein Zelt nicht aufbauen dürfe, da es im Dorf einen Campingplatz gibt. Er möchte mit diesem keine Probleme haben. Ich kann gerne draußen unter freiem Himmel nächtigen, aber mein Zelt ist tabu! Da er ziemlich aufgebracht ist, warum auch immer, ich habe ja nur mal gefragt, beruhigt sie ihn wie eine Mutter ihr Neugeborenes. Um ihn nicht weiter zu beunruhigen, lasse ich es gut sein mit dem Zelt und erkläre ihm, dass ich dann ganz normal in den Zimmern schlafen werde. Die Idee, am Fluss zu nächtigen, habe ich in dem Moment verworfen, als ich die transzendente Erscheinung hier erblickte. Liebevoll führt sie mich zu meinem Bett und sucht mir ein besonders schönes, einzeln stehendes am Fenster aus. Sie weist mich ein, zeigt mir die Duschen, die Küche und alle anderen Räumlichkeiten. So richtig kann ich ihr jedoch gar nicht zuhören, da ich viel zu sehr von ihrer Schönheit abgelenkt bin. Sie strahlt die ganze Zeit und verbreitet solch eine Wärme und Freude um sich herum, dass man sie am liebsten einfach nur in den Arm nehmen möchte. Ich danke ihr für die Einweisung und habe mich in diesen 5 Minuten, ohne auch nur ein Wort mit ihr gewechselt zu haben in sie verliebt!

Ich setze mich auf mein Bett und gucke in das breite Grinsen von Carlos, den Kolumbianer von gestern, der mir auf seinem Bett gegenüber sitzt. Als hätte ich es noch nicht bemerkt, erzählt er mir erst einmal, wie wunderschön diese Frau ist. Ich kann nicht anders, als ihm sprachlos mit mehrmaligem Kopfnicken zuzustimmen.
Wir beschließen, heute zusammen zu Abend zu essen und noch ein, zwei andere Pilger aufzutreiben, die sich uns anschließen wollen. Ich werfe noch einmal einen Blick in die Eingangshalle, um nochmals von dem Licht dieser Schönheit erfüllt zu werden. Sie telefoniert grade und ich höre sie Portugiesisch mit brasilianischem Akzent sprechen. Ich nehme meine Dusche und spreche sie danach an, ob sie Brasilianerin ist. Sie bejaht und erzählt mir, sie sei in Rio de Janeiro geboren, habe 1 Jahr in Italien gelebt und wäre dann spontan auf die Idee gekommen, den Camino zu laufen. Ich hole natürlich gleich den Joker aus der Tasche und berichte ihr von meiner brasilianischen Mutter und dass ich auch ein wenig Portugiesisch spreche. Sie ist sichtlich begeistert, dass ein knapp 2m großer, blonder Kerl mit blauen Augen eine brasilianische Mutter hat. Ich stelle mich ihr vor und sie verrät mir ihren Namen, Lucia. Luz bedeutet übersetzt das Licht. Passt perfekt zu ihr, denke ich mir. Danach gehen Carlos und ich einkaufen. Er ist ein wenig älter als ich und gibt mir seine Visitenkarte mit einer wunderschönen Zeichnung darauf. Ich erfahre, dass er Künstler ist und diese Zeichnung von

ihm stammt. Wir kaufen Tomaten, Salat, Pasta, Thunfisch sowie Wein und Bier und begeben uns zurück in die Herberge. Unser Essen wird köstlich. Wir treiben eine Mitte dreißigjährige Spanierin auf, die das Kochruder übernimmt. Ich treffe Pedro wieder, den alten Herrn aus Puente la Reina. Hatte ihn wesentlich jünger eingeschätzt und erfahre nun, dass er 73 Jahre alt ist! Nicht übel, habe ihn auf Anfang 60 eingestuft! Sein Gesicht strahlt wie immer. Er erzählt mir, dass er sich nur die schönen Abschnitte des Caminos rauspickt und die anderen mit dem Bus zurücklegt. Auch das Ende des Caminos wird er nicht gehen, da ihm dort zu viele Pilger unterwegs sind. Er fährt lieber nach Portugal und steuert Santiago dann von dort aus an.

Unsere nette kleine Runde macht es sich draußen im Garten am Tisch gemütlich und wir decken eine köstliche Mahlzeit auf. Etwas über 2,- € hat jeder von uns bezahlt und dafür gibt's Salat, Pasta, Bier und Wein und sogar eine riesige Melone zum Nachtisch. Neben uns gesellt sich eine weitere Gruppe, bestehend aus 4 Pilgern, die sich wie wir zusammengeschlossen haben. Drei Franzosen, Vater und seine beiden Söhne sowie eine Deutsche, die, wie ich später erfahre, auch aus Hamburg stammt und mit dem Auto keine 15min von mir entfernt wohnt. Als wir unseren Nachtisch zu uns nehmen, erscheint Lucia mit ihrem Hund, den ich zuvor noch nicht kennen gelernt habe. Sie hat ihren Rucksack auf und vermittelt den Eindruck, aufbrechen zu wollen. Dabei ist es schon relativ spät. Unsere Einladung, ein Stück Melone zu sich zu nehmen, lehnt sie ab und wenig später verlässt sie die Herberge zu meinem Entsetzen. Da geht sie dahin und wahrscheinlich auf nimmer Wiedersehen.

28.06.09, Sonntag – Hospital de Órbigo nach Rabanal del Camino

Auch ohne Zelt habe ich wunderbar tief und fest geschlafen. Morgens gibt es Frühstück in der Herberge und der Hospitalero ist sichtlich bemüht, es allen Pilgern recht zu machen. Schade, dass die Brasilianerin gestern bereits aufgebrochen ist, wäre zu gerne heute ein Stück mit ihr gegangen. Aber eventuell habe ich ja Glück und treffe sie noch mal wieder. Ziel heute ist Astorga!
Wie mittlerweile nahezu jeden Tag gibt es auch heute mal wieder zwei Routen zur Auswahl, von denen eine wie immer an der Straße lang führt und die andere wieder durch die schöne Natur. Brauche, glaube ich, langsam nicht mehr zu erwähnen, für welchen Weg ich mich entscheide. Es geht an Feldern und Wiesen vorbei mit schönem Blick auf die bereits seit drei Tagen sichtbaren Montes de León. Ich genieße die von mir eingeschlagene Alternativroute sowie die Obst- und Weinfelder um mich herum. Die 18km bis Astorga lege ich in Nullkommanichts zurück und werde nur einmal kurz vor der Stadt durch eine absolut idiotische Bahnüberführung aufgehalten. So, wie es ausschaut, fährt hier vielleicht einmal am Tag ein Zug durch. Daher hielt die spanische Regierung es wohl für ihre Pflicht, eine Überführung zu bauen und die Gleise mehrere hundert Meter weit einzuzäunen. Ist ja nett gemeint, nur durch die terpentinenförmige Bauweise des Auf- und Abstieges ist der Weg unverschämt lang und man benötigt geschlagene 5-10min, um eine Strecke von 5m über die Gleise zurückzulegen! Wahrscheinlich wurde die Umzäunung erst später hinzugefügt, da jeder normale Mensch der dort ankommt, die Terpentinenbrücke einfach ignoriert und über die Gleise marschiert.

Glücklicherweise sind die alten römischen Stadtmauern von Astorga leichter zu bewältigen und so erreiche ich das Stadtzentrum der alten römischen Stadt. Ich beschließe, heute noch weiter zu laufen, mir aber die Zeit zu nehmen, den von Gaudí entworfenen Bischofspalast zu besichtigen. Ich schlendere also durch die Straßen Astorgas und da steht sie plötzlich wieder. Das Mädchen von gestern, Lucia. Als sie mich erblickt, winkt sie mir zu und ich kann mein Glück kaum fassen. Natürlich ändere ich sofort meinen Kurs und gehe auf sie zu. Mein Speicher leert sich augenblicklich und als ich vor ihr stehe, verschlägt es mir jede Sprache. Erneut werde ich in den Bann ihrer heiligen Aura gezogen. Ihre Anwesenheit lässt alles um mich herum verschwinden. Da steht sie mit ihrem Hund und ich wie verzaubert vor ihr. Sie ergreift das Wort und fragt mich aus, unter anderem bis wohin ich heute noch gehen möchte. Da ich morgen in Manjarín übernachten will, habe ich mir Santa Catalina de Somoza ausgesucht, welches nur etwa 10km von Astorga entfernt liegt. Von dort wären es dann morgen wieder nur etwa 20km bis Manjarín. Ich zeige es ihr auf der Karte und sie sagt, sie möchte heute noch bis Rabanal del Camino, etwa 20km von hier entfernt, laufen. Ich füge natürlich sofort hinzu, dass ich immer sehr spontan entscheide und wenn ich in Santa Catalina bin, eventuell auch noch Lust habe, weiter zu gehen. Sie erzählt mir, dass sie heute in Astorga übernachtet hat und einen Tierarzt für ihren Hund sucht. Das Tier sieht auch echt nicht mehr so fit aus. Als ich frage, wie viele Jahre ihr alter Gefährte schon auf dem Buckel hat, guckt sie mich nur traurig an und sagt, er sähe älter aus, als er ist. Er ist grade mal ein Jahr alt! Puh, das arme Tier schaut für mich so aus, als würde es bald an Altersschwäche sterben. Nach unserem kurzen Gespräch verabschieden wir uns auch schon wieder und Lucia macht sich auf, einen Tierarzt zu suchen, während ich den Bischofspalast von Gaudí besichtigen gehe. Es hat eben definitiv gefunkt zischen uns. Amors Liebespfeil hat uns getroffen.

Natürlich werde ich heute nun nicht mehr in Santa Catarina schlafen, sondern nach Rabanal del Camino laufen und dort auf sie warten. Der Bischofspalast ist beeindruckend und schaut aus wie ein Märchenschloss aus einem Zeichentrickfilm. Danach geht es endlich in die Berge! Meine Laune ist mal wieder auf Hochtouren. Ich bin endlich in den Bergen, vor mir liegt eines der schönsten Stücke des Caminos und die Schmetterlinge fliegen nun nicht mehr nur um mich herum, sondern breiten sich auch in meinem Bauch immer stärker aus. Meine Laune ist so gut, dass mir sogar der immer dunkler werdende Himmel nichts aus macht. Ganz im Gegenteil, ich genieße die Stimmung und den Geruch von Regen förmlich. Ich höre, wie der Wind ungeheuer stark durch die Berge pfeift. Gelegentlich ist auch mal ein Donnern zu hören. Ab und zu nieselt es leicht, aber der Regen lässt noch auf sich warten. Ich liebe den Geruch von Regen an heißen Sommertagen.

Der Weg ist wie erwartet traumhaft schön. Ein kleiner, schmaler Pfad führt mich immer höher und höher und die Sicht wird immer atemberaubender. In Santa Catalina angekommen, bin ich bereits knapp 1000m hoch und blicke mal wieder Kilometer weit übers Land bis zum Horizont. Außer unzähligen Ruinen, einer Herberge und ein oder zwei kleinen Bars gibt es hier oben nichts. Ich laufe weiter durch die Traumlandschaft bis zum nächsten Dorf, El Ganso und mache dort eine längere Pause. Habe nun ca. 35km zurückgelegt und das alles, ohne lange irgendwo auszuruhen. Ein Spanier hält kurz bei mir an und fragt mich, ob das Wasser aus dem Wasserhahn trinkbar sei, der sich zu meiner linken befindet. Da ich ihm die Frage nicht wirklich beantworten kann, lautet meine Antwort einfach nur:„Ich trinke es.“, womit er sich zufrieden gibt und seinen Durst ebenfalls löscht. Wir plaudern ein wenig und ich höre nun zum wiederholten Mal, dass mein Spanisch sehr gut sei. Wow, so langsam fange ich an, das zu glauben, er ist jetzt schon der dritte Spanier, der mir dies sagt. Ich rede einfach immer drauf los und war bisher der Meinung: gut. die Spanier verstehen mich zwar, aber es muss sich grauenvoll anhören, von der Grammatik mal ganz zu schweigen. Diese Komplimente geben mir auf jeden Fall Mut, einfach weiter drauf los zu reden.
Der Himmel klart nun wieder ein wenig auf und ich beschließe weiter zu laufen und das letzte Stück für heute hinter mich zu bringen. Frage mich inzwischen, ob Lucia es tatsächlich heute noch bis Rabanal del Camino schafft. Andererseits, gestern ist sie ja auch erst am späten Abend in Hospital de Órbigo gestartet und muss irgendwann mitten in der Nacht in Astorga angekommen sein. Kurz vor meinem Ziel laufe ich an einem langen Zaun entlang, der durch einen Eichenwald führt. Der Zaun ist mit Kreuzen gespickt und erstreckt sich über mehrere Kilometer.

Ich sehe noch ein Reh im Wald verschwinden und komme dann zeitiger als erwartet in Rabanal del Camino an. Die Herberge ist ein absoluter Traum! Gelegen hinter der Kirche in einem alten wunderschönen Haus mit riesigem Garten gehört sie für mich augenblicklich mit zu den schönsten Herbergen, die ich bisher gesehen habe. Im Garten fange ich die letzten Sonnenstrahlen ein und schaue immer wieder auf den Weg, ob ich Lucia mit ihrem Hund erblicken kann, aber heute erscheint niemand mehr...

29.06.09, Montag – Rabanal del Camino nach Manjarín

Gestern Abend wurde es doch noch wesentlich später als erwartet. Ellen, der Hospitalero, gestaltete den Abend mit Gitarrenmusik und es bildete sich eine nette Runde, die bis spät in die Nacht feierte. Um kurz vor 22 Uhr konnte ich mich jedoch nicht mehr länger wach halten und bin gezwungenermaßen schlafen gegangen.
Heute Morgen werden wir dennoch alle ziemlich zeitig von Ellen geweckt. Es gibt ein liebevoll gestaltetes Frühstück von ihm und seiner Frau Katie mit Kaffee, Tee, Milch und Kakao, sowie Toastbrot und einer Auswahl an Marmeladen. Herzhaft verabschieden sie anschließend jeden Pilger. Katie drückt mir noch einen Kuss auf die Wangen und ich marschiere gut gestärkt los. Es ist alles nebelig, kalt und nass, als ich um 7:15 Uhr ohne festes Tagesziel aufbreche. Irgendwie soll es wohl nicht so sein, dass ich Lucia wieder begegne, um sie näher kennen zu lernen.
Es geht über Foncebadón zum Cruz de Ferro, wo ich hoffentlich das Bild von meinem vor zwei Jahren verstorbenen Hund noch vorfinde, und dann weiter nach Manjarín, wo ich meinen ersten Stopp machen werde, um kurz auf einen Kaffee zu bleiben. Wie weit ich heute noch laufen werde, kann ich dann noch spontan entscheiden.
Ich bin nun etwa 30 min unterwegs und fange unter der Regenjacke extrem an zu schwitzen. Auch meine Kniebandagen habe ich heute mal abgelegt. Da mich der Regen nicht wirklich stört, schließlich ist es eher ein Nieselwetter, ziehe ich meine Regenjacke aus und laufe im T-Shirt weiter. Zwar muss ich aufpassen, mich darin nicht zu erkälten, aber in der Regenjacke halte ich es definitiv keine Minute länger mehr aus. Es ist immer noch alles total nebelig, der Nebel nimmt sogar mehr und mehr zu. Die Sichtweite beträgt maximal 100m. Trotz dieses miserablen Wetters geht es mir blendend. Ich atme die feuchte

Luft tief ein, sie riecht sauber und frisch. Es geht ziemlich steil bergauf und die Wege sind nicht wirklich begehbar. Es sind schmale Pfade, die durch die Berglandschaft führen und für Fahrradfahrer nicht passierbar sind.

Die Route für die Fahrradfahrer geht separat irgendwo an einer Straße entlang. Zu Fuß ist es wunderschön, aber anstrengend und der nasse, feuchte Boden macht die Wege nicht unbedingt begehbarer. Neben mir taucht eine Quelle auf, die von natürlichem Quellwasser direkt aus den Bergen gespeist wird. Selbstverständlich hängt auch hier wieder ein riesen Schild: „Agua no potable" (Kein Trinkwasser). Das Wasser schmeckt um so vieles besser als das Wasser, welches man aus den Wasserhähnen bekommt. Wusste vorher ehrlich gesagt nicht, dass Wasser überhaupt einen Geschmack hat, aber es hat einen. Wie gut, dass ich mir nichts aus diesen Warnungen mache.

An mir ziehen ein paar Pilger vorbei, die sich sichtlich gestört durch den Nieselregen fühlen. Mir macht es seltsamer Weise überhaupt nichts aus, finde es sogar ganz angenehm, mal nicht von der Sonne gebraten zu werden. Selbst ohne Sonne ist mir immer noch furchtbar heiß. Wenn man den Camino geht, sollte man sich im Klaren sein, dass es nicht immer schönes Wanderwetter geben kann. Man kann auch mal ins Schwitzen kommen oder total klitschnass werden. Wer sich dadurch zum Miesepeter ernennt und nur noch pessimistisch ist und alles verflucht, der ist hier auf dem falschen Weg, denn genau das sind die Dinge, die einen hier glücklich machen, wenn man am Abend sein Ziel erreicht und sich von den Strapazen nicht hat unter kriegen lassen, sondern diese als Teil des Ganzen betrachtet. Mit der richtigen Einstellung nimmt man sie nicht einmal als Strapazen war. So erklimme ich mir also den Weg rauf nach Foncebadón und genieße die Berge mit ihren schmalen Pfaden, umgeben von Gräsern, Büschen, gelbe, lila und rosa Blumen, Sträuchern und Wurzeln im Erdreich, die hier und da ans Tageslicht dringen. Besonders beeindrucken mich die Spinnennetze, die durch die Nässe ein wunderschönes Bild bieten. Die Wassertropfen hängen in ihnen. Gelegentlich bricht das Licht durch die Wolken und gestaltet die Natur noch schöner oder besser gesagt, wieder anders.
Ich lasse mich durch den Nebel nicht stören, der mir die Sicht in die tiefen Täler verwehrt. Es ist einfach eine andere Sicht, welche ebenfalls eine schöne Atmosphäre bildet. Das einzige, was ich beklagen kann, sind Markierungen, gemacht von irgendwelchen pubertären Menschen. Schon seit Wochen sehe ich immer wieder Markierungen in Form eines Aufklebers oder, was ich noch viel schlimmer finde, in Form eines mit Edding irgendwo hingepflanzten Schriftzuges. Wie erbärmlich ist das bitte? Es gibt wirklich Künstler, die mit Graffiti beeindruckende Bilder zu Stande bringen. Am richtigen Ort wirken diese dann auch sehr harmonisch. Aber irgendwelches Gekritzel mit einem Edding

und Sprüche wie „lol for Nina" sind hier auf dem Jakobsweg einfach fehl am Platz. Tiere pinkeln auf Steine und an Sträucher, um zu markieren, dass sie hier gewesen sind. Hirnlose Primaten nutzen dafür einen Edding oder Sprühdosen. Frage mich manchmal, was in manchen Köpfen vor sich geht, falls dort überhaupt Hirnströme gemessen werden können.
Der Nebel wird weiterhin immer dichter und dichter, so dass sich die Sichtweite unterdessen auf etwa 30m reduziert hat. Plötzlich taucht wie aus dem Nichts Foncebadón vor mir auf. Ein kleines Ruinendorf in den Bergen. In einer Ecke unter dem Dach einer Ruine stehen zusammengekauert die 3 Franzosen aus Hospital de Órbigo und kochen sich Tee mit ihrem Gaskocher. Das nasse Wetter scheint sie nicht wirklich glücklich zu stimmen. Ich halte mich nicht groß auf und laufe direkt weiter zum Cruz de Ferro, welches nun nur noch wenige Minuten von hier entfernt liegen müsste. Würde mich riesig freuen, das alte Foto meines Hundes dort wieder zu finden, auch, wenn mein Verstand mir sagt, dass es bestimmt nicht 2 Jahre lang die Wetterverhältnisse hier oben auf 1500m Höhe überlebt hat. Genau wie Foncebadón taucht auch das Cruz de Ferro 2km später aus dem Nebel vor mir auf, so dass ich beinahe gegen laufe. Das Kreuz ist leer und zwar völlig. Kein Bild mehr von meinem Hund und auch kein anderes oder irgendwelche anderen Mitbringsel anderer Pilger. Vollkommen verständnislos frage ich mich, wieso das Kreuz von wem auch immer beauftragt, anscheinend regelmäßig „gesäubert" wird. Pilger aus aller Welt bringen Erinnerungen mit und tragen sie über Hunderte von Kilometern, um sie hier am Kreuz, dem höchsten Punkt des gesamten Caminos, anzubringen. Für jeden haben diese Mitbringsel einen gewissen persönlichen Wert. Viele legen auch einen Stein hier ab, den sie extra von zu Hause mitbringen. Wieso kommt jemand daher und nimmt alles ab? Um Platz für weitere Pilger zu schaffen? Die einzig logische Erklärung, die ich finde, ist, dass man keine Umweltverschmutzung betreiben will

und daher nicht möchte, dass Fotos sich lösen und in die Umgebung geweht werden. Da sich die Spanier jedoch meiner Ansicht nach einen absoluten Dreck um Umweltverschmutzung kümmern, halte ich diese Vermutung für weniger wahrscheinlich.

Sichtlich gekränkt verlasse ich diesen Punkt, nicht, weil das Bild meines verstorbenen Hundes nicht mehr dort hängt, sondern weil es bewusst mit all den anderen Dingen abgenommen wurde. Es ist grade mal 9 Uhr. Ich bin sehr schnell voran gekommen, obwohl ich mich nicht beeilt habe und einfach nur mein für mich angenehmes Tempo gegangen bin. Meine Knie tun mir ein wenig weh und es beginnt auch, immer stärker zu regnen. Ich bin jedoch zu faul, jetzt meine Knieschoner raus zu holen, außerdem sind es nur noch ca. 3km bis Manjarín. Hinterm Cruz de Ferro geht es eine Weile wieder an der Straße entlang. Ein Fahrradfahrer kommt an mir vorbei gebrettert. Da es doch immer mal wieder Fahrradfahrer gibt, die einen grüßen, bleibe ich gutmütig und grüße nach wie vor jeden vorbei kommenden Pilger auf seinem Drahtesel. „Buen camino!“ Kein Gruß zurück, sondern lediglich ein Blick, als hätte ich ihm grade „Arschloch“ zugerufen. Wieso sind 9 von 10 Fahrradfahrern so arrogant? Es gibt wirklich nur wenige Ausnahmen, die nicht einfach an einem vorbeibrettern und wohlmöglich noch protestieren, weil man ihnen im Weg steht. Gelegentlich gibt es ein paar lustige Gesellen, die ihre Klingel durch eine Hupe ausgetauscht haben und sich damit nicht nur ankündigen, sondern auch den Gruß ersetzen. Dafür habe ich absolut Humor.
Obwohl es nur etwa 3km bis Manjarín sind, dauert die Strecke erheblich länger, als ich erwartet habe. Der Regen gießt mittlerweile aus allen Wolken und meine Knie tun immer heftiger weh. Die letzten 15min sage ich mir immer wieder, hinter der nächsten Ecke kommt Manjarín, es lohnt nicht, jetzt noch die Regenjacke rauszuholen und die Kniebandagen anzuziehen, aber es kommt nicht. Irgendwann siegt die Vernunft

und ich sage mir: „Jean, du hast doch jede Menge Zeit. Halte verdammt noch mal an und zieh dir Jacke und Kniebandagen an!“ Ich höre mich dies laut zu mir selbst sagen und siehe da, es funktioniert. Ich stoppe kurz und rüste mich für die gegebenen Verhältnisse aus. Hinter der nächsten Kurve erscheint Manjarín...

Die Herberge ist eine der speziellen, eher außergewöhnlichen Herbergen des Caminos. Es ist vielmehr ein Refugio. Sie gehört einem alten Einsiedler namens Tomás, der hier ohne Strom und Wasser seit Jahrzehnten lebt. Mehrmals wurde wohl versucht, ihm den Laden dicht zu machen, aber er schlägt sich tapfer. Er führt sein Refugio im Stile der alten Templertraditionen. Es gibt Tee und Kaffee für jeden vorbeikommenden Pilger und für alle, die bei ihm nächtigen, natürlich auch eine warme Mahlzeit in seiner bescheidenen Hütte. Vor 2 Jahren schliefen die Pilger noch im anliegenden Stall, jedoch wurde dies wohl aufgrund der

Baufälligkeit unterbunden. Ich trete ein und lege meinen Rucksack ab, um es mir bequem zu machen. Eintreten ist vielleicht nicht ganz das richtige Wort, denn die Hütte hat ein langes Vordach, welches lediglich vor Wind, Regen und Sonne schützt.

Das Wetter hat unterdessen seinen Höhepunkt erreicht. Es gießt und weht aus allen Richtungen. Die feuchte Kälte zieht einem in jede Ritze und ich bin froh, in diesem offenen Raum ein Dach über'n Kopf zu haben. Ich bekomme einen heißen Kaffee und wärme mich am hier entfachten Feuer. Ich fühle mich verdammt wohl und genieße die im Hintergrund laufenden Choräle. Momentan habe ich keine Ambitionen, großartig weiter zu gehen und so schenke ich mir meinen Kaffee mehrmals nach. Eine Katze und 2 Hundewelpen toben ständig vor mir rum und hinter der Hütte lassen sich bereits weitere Tiere vermuten. Vor mir erblicke ich ein Schild, auf dem steht: „Si quieres un perro, pregunta por Maria". (Wenn du einen Hund haben möchtest, frag nach Maria) Das Schild ist schon ziemlich verblichen und scheint hier bereits seit Jahren zu hängen. Dennoch weckt es augenblicklich meine Neugier. Seit dem Tod meines Tieres sehne ich mich nach einem neuen Hund. Damals wohnte ich noch mit meiner Familie in einem großen Haus mit riesigem Garten, als wir uns unseren Hund Juri zugelegt hatten. Als ich dann später auszog, blieb Juri dort und ich wohnte nur etwa 25 Autominuten von ihm entfernt im Stadtzentrum Hamburgs. Jedoch sind meine Eltern mittlerweile weggezogen und wohnen nun über 500km von Hamburg entfernt. Habe schon hunderte Male überlegt, mir wieder ein Tier anzuschaffen, aber jedes Mal, wenn ich kurz davor bin, werde ich mir darüber im Klaren, dass das Tier 10 bis 15 Jahre leben wird und ich viel Zeit benötige. Das arme Tier wäre ständig alleine zu Hause in meiner Wohnung und würde nur lediglich morgens, mittags und abends einmal mit mir seine Runde gehen können. Trotzdem frage ich Paco, einen der

Hospitaleros, was es mit diesem Schild auf sich hat. Paco schaut mich an und fragt mich, ob ich einen Hundewelpen haben möchte. Klar möchte ich einen, ich weiß nur nicht, wie ich das handeln soll. Er fordert mich auf, ihm zu folgen und führt mich hinter die Hütte zu einem Hundezwinger, in dem schätzungsweise 15 Hunde untergebracht sind. Davon etwa die Hälfte im Welpenalter. Er erklärt mir, dass sie zu viele Tiere haben und sie unmöglich alle verpflegen können. Da die Tiere nicht kastriert sind, bekommen sie regelmäßig Nachwuchs und bevor die Welpen zu groß werden, erschießen sie sie, damit sie nicht als Straßenhunde enden. Mir bricht es das Herz, hätte ich mal bloß nicht gefragt. Die kleinen Welpen sind grade mal 2 Monate alt und tollen im Zwinger herum. Er fragt mich gleich, welchen ich haben möchte. Ich mache ihm schnell klar, dass ich nicht einfach einen Hundewelpen mitnehmen kann, zumal ich momentan vor habe, nach dem Camino für längere Zeit durch die Welt zu reisen. Traurig schaut Paco mich mit einem fast flehenden Blick an. Anscheinend fällt es ihm auch nicht leicht, die armen Tiere kurz nach ihrer Geburt zurück ins Jenseits zu schicken. Wir gehen zurück zum Feuer und ich schenke mir meinen vierten Kaffe nach. Meine Gedanken sind aufgewühlt und drehen sich nur noch um die armen Tiere. Ich würde doch so gerne einen Hund haben. Wieso kann ich mir dann nicht einfach einen zulegen? Andere Pilger kommen und gehen und manchen erzähle ich von meinen Gedanken. Ich treffe Lisbeth wieder, die Deutsche aus Hospital de Órbigo, die mit den drei Franzosen bei uns am Tisch saß und nur etwa 15min mit dem Auto von mir entfernt in Hamburg wohnt. Sie ist ebenfalls, wie eigentlich jeder, sichtlich angetan von den 2 Welpen, die hier vorne außerhalb des Zwingers rumlaufen. Den ganzen Tag sitze ich entweder vorne unterm Vordach und trinke Kaffee oder hinterm Haus am Zwinger und gucke den Hunden zu. Mittlerweile haben sie sich an mich gewöhnt und bellen schon gar nicht mehr, wenn ich komme. Einer der Welpen kommt ständig zu mir und schaut mich mit seinen großen Augen an. Wenn ich meinen Finger durch den Zaun strecke, beißt er spielerisch hinein oder lässt sich von mir streicheln. Nach etwa 6 Stunden treffe ich meine Entscheidung. Ich werde einen dieser Kleinen das Leben retten und ihn mitnehmen, auch wenn ich noch absolut nicht weiß, wie ich diese Situation bewältigen werde und ob ich das Tier behalten kann. Ich sage Paco Bescheid und wähle den weiblichen Welpen, der ständig zu mir an den Zaun kommt. Sie ist zuckersüß, mit weißen Pfoten, einer weißen Schwanzspitze und weißer Brust. Sonst vollkommen schwarz. Das eine Ohr steht spitz nach oben, während ihr anderes abgeknickt als Schlappohr runter hängt.

Endlos glücklich nehme ich sie mit nach vorne und habe mich bereits fest in das Tier verliebt.

Sie ist total verängstigt, als sie aus dem Zwinger kommt und plötzlich die große weite Welt hinterm Zaun erblickt. Dabei weiß sie noch gar nicht, wie groß die Welt in den kommenden Wochen noch werden wird und welche Möglichkeiten sich nun ihrem Leben eröffnen. An der Wand hängt ein Bild, auf dem steht „Don't dream your life, live your dream!" Das kommt grade im richtigen Moment und ich fühle mich direkt angesprochen. Ich habe keine Zweifel an meiner Entscheidung und weiß, ich habe das absolut Richtige für zumindest eines dieser Tiere getan, auch, wenn ich selbst noch nicht weiß, wie es nun weiter gehen wird. Da es vorne zu hektisch zugeht und jeder vorbei kommende Pilger meinen Welpen streicheln und betätscheln möchte, ziehe ich mich mit ihr zurück auf die Wiesen und schlage mein Zelt auf. Werde heute also hier nächtigen, soviel steht schon mal fest. Es hat unterdessen aufgehört zu regnen und die Sonne kommt zum Vorschein. Wir liegen beide im Gras und ich brauche sie nicht einmal anbinden. Während ich sie mit etwas Wurst füttere, um ihr Vertrauen zu gewinnen, überlege ich mir einen Namen und entscheide mich für Maja Ynea de Manjarín, kurz Maja. Wollte etwas, dass sie mit diesem Ort hier verbindet und so wurde aus Manjarín – Manjari – Manja – Maja. Wir verbringen den restlichen Tag hinterm Haus auf der Wiese und Maja wird unglaublich schnell sehr zutraulich. Bereits nach wenigen Stunden folgt sie mir vorsichtig, aber mutig überall hin. Das Gras ist hoch, so dass sie mich nicht sehen kann und so können wir auf der Wiese umherlaufen und ich bringe ihr sofort bei, auf mein Pfeifen zu reagieren und zu mir zu kommen. Binnen weniger Minuten hat sie es kapiert und reagiert, als wären wir bereits seit Monaten zusammen unterwegs. Mal sehen, wie ich nun den Rest des Caminos nun voran komme, denn viel wird sie nicht laufen können und meines Wissens soll man Welpen auch nicht zu viel laufen lassen, da sie sonst später Gelenkprobleme bekommen. Herbergen werde ich nun auch weitgehend vergessen können, denn mit Hund darf man nahezu

keine Herberge betreten, geschweige denn nächtigen. Morgen werde ich ja sehen, wie viel sie schafft und ich denke, sie wird mir zeigen, wenn sie nicht mehr weiter kann oder will. Dann muss ich sie eben notfalls tragen oder halt einfach nur noch 10 bis 15 Kilometer am Tag laufen. Jedoch will ich morgen auf jeden Fall Ponferrada erreichen, um dort zum Tierarzt zu gehen. Das sind etwa 25km und es geht nur bergab.
Um 20 Uhr gibt es Abendessen in der Hütte mit Tomás und Paco. Maja muss draußen warten und veranstaltet sofort ein Geheul, als ich sie alleine lasse. Nach dem Essen ziehen wir uns zurück in mein Zelt und ich versuche zu schlafen. Bin todmüde und Maja ersichtlich glücklich und zufrieden. Sie kuschelt sich ganz dicht an mich und sucht meine Nähe und ich lasse sie gewähren. Im Gegensatz zu mir schläft sie friedlich ein, ich jedoch bin trotz totaler Erschöpfung - weiß gar nicht woher, denn viel bin ich heute nicht gelaufen, - vor lauter Aufregung hell wach und brauche Stunden, um meinen Schlaf zu finden. Öffne ständig wieder meine Augen, um zu gucken, ob mit Maja auch alles in Ordnung ist.

30.06.09, Dienstag – Manjarín nach Ponferrada

Habe die Nacht sehr unruhig geschlafen und auch schlecht geträumt. Es ist 7 Uhr morgens, als ich aufwache. Ich verlasse das Zelt und Maja guckt mich nur mit großen Augen an. Anscheinend gefällt es ihr ganz gut im Zelt. Ich baue alles ab und wir zwei gehen nach vorne, um uns zu verabschieden. Ich bekomme noch ein wenig Hundefutter in die Hand gedrückt und

gönne mir noch einen Kaffee, dann geht es los. Maja folgt mir bereits, ohne Anstalten zu machen.
Da ich natürlich keine Leine habe, lasse ich sie einfach frei laufen. Auch auf meinen Pfiff reagiert sie immer besser und besser.
Mir fällt plötzlich ein, dass Juri, mein alter Hund, an dem Tag gestorben ist, als ich am Kreuz das Foto zurückließ und die Nacht in Manjarín verbracht habe. Etwa zwei Tage später hab ich es dann am Telefon erfahren. Und nun habe ich einen Hund aus genau der Herberge mitgenommen, um diesem ein Leben zu schenken.
Das Stück, das ich heute vor mir habe, ist wieder traumhaft schön und dennoch völlig anders als das gestrige. Heute ist das Wetter wieder sehr sonnig und heiß. Wäre mir eigentlich lieber, es wäre anders, denn ich mache mir jetzt schon Sorgen um meinen neuen Weggefährten. Sie ist viel zu jung, um solche Strecken zurück zu legen. Aber es hilft nichts, heute muss Ponferrada erreicht werden, denn es ist mir wichtig, umgehend die Impfungen für das Tier zu bekommen. Ich genieße wieder die unzähligen Gerüche, die mir in die Nase steigen. Es ist voll von lila Blumen und Gräsern, die alle verschieden duften. Ich liebe Gerüche, sei es Regen an heißen Sommertagen, nasser Stein oder Pflanzen in der heißen Sonne. Wenn man bewusst darauf achtet, nimmt man eine ganze Menge verschiedener Gerüche wahr. Ständig geht mein Blick zu Maja. Läuft sie noch hinter mir, kann sie noch oder ist sie schon am Ende ihrer Kräfte? Sie trinkt auffällig wenig und ich mache mir sofort Sorgen, dass sie zu wenig Flüssigkeit zu sich nimmt. Da ich sie jedoch schlecht zum Trinken zwingen kann, muss ich wohl abwarten, bis sie vor Durst nicht anders kann. Die Pfade sind mal schmaler, mal breiter, durch die es mich heute führt. Teilweise offene, mit weitem Blick über die Berge und Täler, teilweise aber auch so zugewachsen, dass sich ein regelrechtes Laubdach über mir bildet. Ein Schäfer kommt mir mit seiner Herde entgegen und

Maja scheint zum ersten Mal in ihrem Leben ein anderes Tier zu Gesicht zu bekommen, macht aber keine großen Anstalten und läuft brav mit mir weiter, immer in meiner unmittelbaren Nähe. Um 12 Uhr ist es dann mal wieder brütend heiß. Maja beginnt, an ihre Grenzen zu stoßen und hechelt ohne Ende. Endlich trinkt sie mal was, als wir an einer Pfütze vorbei kommen. Das muss eine riesen Umstellung für sie sein. Noch nie den Zwinger verlassen und plötzlich geht's los in die weite Welt, beziehungsweise sogar nach meinem Plan bis ans Ende der Welt, nämlich Finisterre. Als wir Molinaseca erreichen, haben wir etwa die Hälfte hinter uns gebracht. Das Dorf hat einen riesigen Fluss mit Bademöglichkeit und wir gönnen uns erst einmal eine Pause am kühlen Ufer. Maja macht es sich sogar prompt im Wasser gemütlich und legt sich einfach ins flache Wasser. Da sie bereits sichtlich erschöpft ist, halte ich es für besser, das letzte Stück hinter uns zu bringen und Ponferrada zu erreichen. Glaube nicht, dass ich sie sonst später noch einmal animieren kann, weiter zu laufen. Ich verlasse Molinaseca und sehe Ponferrada bereits einige Kilometer vor mir. Aber es ist wie ein Fluch, die Stadt kommt und kommt nicht näher. Am Ende kann ich bereits die Menschen in den Fenstern deutlich erkennen und der Camino knickt ab und macht einen riesen Bogen. Ich laufe die ganze Zeit parallel zur Stadt. Mir kommt es vor, als würde ich sie einmal umkreisen, bevor ich letzten Endes eintrete.

Maja ist nun wirklich am Ende ihrer Kräfte und setzt sich einfach an eine Mauer in den Schatten. Ich gebe ihr mein letztes Trinkwasser, das ich bei mir habe und beschließe, sie dann den Rest des Weges zu tragen. Es ist bereits 13:45 Uhr und die Sonne knallt mal wieder. Maja ist zwar noch winzig klein, aber ca. 6 Kilo wiegt sie dennoch. Nach einem weiteren, guten Stück werden meine Arme schwach und ich kann sie nicht mehr länger vor mir her tragen. Da ich aber auch Angst um ihre Gelenke habe, beschließe ich, sie oben in meinen Rucksack zu setzen. Es scheint ganz gut zu klappen und Maja guckt glücklich oben aus meinem Rucksack raus und leckt mir ständig die Schultern ab. Immer noch laufe ich parallel zur Stadt entlang. Langsam macht es mich wahnsinnig, heute sogar richtig wütend, dass manchmal der Camino sichtlich idiotisch geführt wird. Die Spanier wollen die Pilger an bestimmten Orten vorbeilotsen und führen sie daher manchmal kreuz und quer über riesen Umwege durch die Stadt. Auch Ponferrada scheint dazu zu gehören, nur dass hier die Pilger wohl einen bestimmten Eingang zur Stadt nehmen sollen. Überlege, ob ich einfach Luftlinie auf die Stadt zumarschieren soll, jedoch kann so was auch fatale Folgen haben und am Ende, wenn ich Pech habe, noch anstrengender und länger werden als der empfohlene Weg. Ich habe heute keinen Mut für Risikospielchen und frage den nächst besten Spanier, der mir begegnet, was der schnellste Weg nach Ponferrada zum Tierarzt ist. Siehe da, ich bekomme sogar eine sehr nützliche Antwort und eine wirklich gute Wegbeschreibung. Ich verlasse die Wegführung der gelben Pilgerpfeile und marschiere den mir genannten Weg entlang, bis ich Ponferrada erreiche. Endlich, nach einer Ewigkeit. Bin fast verrückt geworden, stundenlang das Ziel vor Augen zu haben und nicht anzukommen. Ich frage mich weiter durch die Stadt zum Tierarzt durch und stehe um 15 Uhr endlich vor einer Zoohandlung, in der angeblich ein Tierarzt sitzen soll. Natürlich ist der Laden wie auch alles andere wegen Siesta geschlossen und macht erst um 17 Uhr wieder auf. Gegenüber sehe ich jedoch einen Supermarkt, der sich nicht an die Ladenschlusszeiten hält und geöffnet ist. Ich begebe mich dort hin und kaufe ein paar Dinge ein und setze mich dann mit Maja in einen angrenzenden Park, um bis 17 Uhr hier im Schatten und im Grünen zu warten. Es ist alles voller Autos und Stadtlärm. Mein armes kleines Hündchen ist eindeutig vollkommen überfordert mit der Situation.

Ohne es zu wollen, falle ich in einen Tiefschlaf. Als ich plötzlich hochschrecke, ist mein erster Gedanke: „Oh Gott, wo ist Maja?“ Ich drehe mich blitzartig um und da liegt sie seelenruhig und schläft noch tiefer, als ich geschlafen habe. Ich schaue auf die Uhr, es ist 16:50 Uhr. Kann gar nicht glauben, dass ich knapp 2 Stunden geschlafen habe. Ich nehme mein Zeug und steuere wieder die Zoohandlung an und siehe da, es gibt tatsächlich einen Tierarzt dort drinnen. Ich bekomme alles, was ich für Maja brauche, ihre Wurmkur, einen Mikrochip und einen Hundepass der Europäischen Union. Ich werde als Besitzer eingetragen und sie mit ihrem vollen Namen Maja Ynea de Manjarín. Ich erkundige mich auch gleich, ob ich sie problemlos mit nach Deutschland nehmen kann. Der Tierarzt versichert mir, dass dies mit dem Pass kein Problem darstellt, ich darf nur nicht über London, bzw. England reisen, da die Engländer extrem strenge Quarantänevorschriften haben. Ich kaufe noch eine Leine und ein Halsband und der Tierarzt drückt mir noch einen 1,5kg schweren Welpenfutterbeutel als Geschenk in die Hände. Na prima, als wäre mein Rucksack nicht eh schon schwer genug, aber mir bleibt ja keine Wahl, schließlich braucht Maja auch etwas zu essen. Maja ist nun definitiv am Ende. Vor Stunden dachte ich schon, das ist alles zu viel für die Kleine und nun auch noch Tierarzt und Spritzen, das arme Tier. Ich sehe zu, dass ich nun endlich einen Schlafplatz für uns finde und wir den Rest des Tages noch ein wenig Ruhe bekommen. Ich steuere den Fluss an, der am Stadtende durch Ponferrada fließt und habe Glück. Ein schmaler Streifen entlang des Flusses wurde zur Parkanlage umgestaltet und abgesehen von den unzähligen Joggern und Spaziergängern ist es hier perfekt. Ich schnalle meine Sachen ab und Maja verkriecht sich hinter meinem Rucksack, während ich meine Sachen wasche. Beschließe dann, auf die andere Seite des Flusses zu wechseln, in der Hoffnung, dort weniger Betrieb vorzufinden. Es sind einfach zu viele Menschen hier unterwegs und ständig kommt ein Hund an und beschert Maja panische Angst. Auf der anderen Flussseite angekommen, herrscht tatsächlich deutlich weniger Betrieb und ich schlage mein Zelt auf. Mittlerweile ist es 20:30 Uhr und der Tag war auch für mich

psychisch ziemlich anstrengend. Maja verkriecht sich sofort ins Zelt, sie scheint sich da drin wirklich wohl zu fühlen.
Ich bleibe noch ein wenig draußen sitzen und genieße die Abendstimmung. Fühle mich so glücklich wie schon lange nicht mehr.

01.07.09, Mittwoche – Ponferrada nach Cacabellos

Habe sehr gut geschlafen und bin nur einmal kurz nachts aufgewacht, als Maja sich entschlossen hat, nicht mehr zwischen meinen Füßen zu schlafen, sondern sich an meinen Rücken zu kuscheln. Um 6:30 Uhr stehen wir auf, oder besser gesagt ich, denn Maja scheint Langschläferin zu sein und denkt nicht daran, sich auch nur einen Zentimeter zu bewegen. Ich packe meine Sachen zusammen. Als alles fertig ist, hebe ich sie aus meinem Zelt, um auch dieses abbauen zu können. Maja streckt und räkelt sich und wacht langsam auf. Eine Stunde später sind wir abmarschbereit. Ich schlage einfach mal den Weg ein, wo ich den Camino vermute. Sind nämlich gestern ganz schön von der Strecke abgekommen, als ich in die Stadt gelaufen bin. Schnell merke ich, wieso die andere Flussseite nicht so begehrt ist, denn wenige hundert Meter von meinem Schlafplatz entfernt taucht nun das Armenviertel Ponferrada´s vor mir auf. Es wimmelt von Zigeunern, die aus ihren kleinen, dreckigen Baracken kommen, ihre Pferde füttern oder den draußen angesammelten Müllhaufen vergrößern, indem sie noch mehr alte TV Geräte und Kühlschränke drauf schmeißen. Ich lege einen Zahn zu, bevor diese noch auf die Idee kommen, meinen kleinen Hund auf den Grill zu legen und ihr Frühstück zu bereiten. An der nächsten

Brücke schlage ich wieder den Weg ins Stadtzentrum ein und nach einer Weile sehe ich die ersten Pilger. Ich folge deren Richtung und da tauchen sie auch schon wieder auf, die gelben Pfeile, die mich nach Santiago führen. Ich habe mir überlegt, 4 Stunden zu laufen und dann den ganzen Nachmittag bis abends 18 Uhr Siesta zu machen, um dann abends noch einmal ein paar Kilometer zurück zu legen. Gestern die Hitze war einfach zu viel für mein kleines Hündchen. Sie läuft ganz brav mit mir mit und auch in der Stadt und an der Straße lasse ich sie ohne Leine laufen. Habe ihr gestern einmal die neue Leine angelegt, aber davon war sie absolut nicht begeistert. Klappt ohne viel besser. Bis Villafranca del Bierzo, auch genannt „Das kleine Santiago", sind es knapp 25km. Grund für die Namensgebung ist die romanische Kirche Santiago, mit ihrem zum Camino gewandten Nordportal, die Puerta del Perdón (Tor der Vergebung). Pilger, die früher auf dem Camino erkrankten und es nicht mehr bis Santiago schafften, bekamen hier bereits ihre Absolution. Ich werde also heute Vormittag bis Cacabelos laufen, dort pausieren und dann heute Abend, wenn's wieder kühler wird, den Rest nach Villafranca del Bierzo zurücklegen.
Mich holt ein netter Deutscher in den Fünfzigern ein und beginnt ein Gespräch mit mir. Sein Name ist Heins Jürgen und er hat die letzten zwei Wochen als Hospitalero in einer Herberge verbracht, heute ist sein erster Tag, an dem er nun als Pilger unterwegs ist. Er berichtet mir, dass er vor Jahren den Camino auf dem Fahrrad zurückgelegt hat und nun gerne noch mal die Reise zu Fuß bewältigen möchte. Er ist ein echt netter Kerl, aber reden kann er ohne Ende und nach etwa 2 Stunden tun mir langsam die Ohren weh. An einem Café treffen wir dann auf Lisbeth (die Hamburgerin, die bei mir um die Ecke wohnt) und gesellen uns zu ihr. Heins Jürgen und Lisbeth kennen sich aus der letzten Herberge und Heins beginnt sofort, auf sie einzuquasseln. Ich nutze meine Chance und verabschiede mich von den beiden, um ein wenig in Ruhe weiter laufen zu können.

Von Ruhe ist jedoch mittlerweile nicht mehr die Rede, denn ich befinde mich nun etwas weniger als 200km vor Santiago und ab hier beginnen spanische Schulklassen zu Tausenden, den Camino zu bevölkern. Es wimmelt nur so von jungen Spaniern, die in riesen Gruppen alles platt machen, was ihnen in den Weg kommt. Maja mit ihren 2 Monaten ist natürlich die Hauptattraktion für jeden Pilger, den wir passieren. Besonders die jungen spanischen Mädchen aus den Schulklassen schmelzen dahin, sobald sie sie sehen. Jeder pfeift und lockt sie und möchte sie streicheln. Zu Beginn freue ich mich noch darüber, aber nach einer Weile beginnt es mich zu nerven und auch Maja hat sichtlich keinen Bock mehr, von jedem angefasst zu werden. Außer auf meinen Pfiff reagiert sie zum Glück schon gar nicht mehr auf das Gelocke. Landschaftlich ist es auch nicht umwerfend, erst recht nicht, nachdem ich gestern bereits einen der Höhepunkte des Caminos genießen konnte. Es geht von einem Dorf ins nächste und dazwischen, ja Felder und Wiesen eben und die ganze Zeit auf einer Asphaltstraße entlang. Um 11 Uhr erreiche ich Cacabelos und mache es mir auf der großen Wiese am Fluss gemütlich. Das Bettlaken, welches ich gestern gekauft habe, um Maja tragen zu können, spanne ich als großes Segel auf, um Schatten zu haben. Der blaue Himmel ist wolkenlos und die Temperatur steigt spürbar rapide an. Ich beschließe, einen kleinen Mittagsschlaf zu machen und danach ein Bad zu nehmen. Als ich aufwache, ist es brütend heiß. Ich laufe zum Wasserspender, um meine Flasche aufzufüllen und erblicke ein Thermometer, welches mir 36°c im Schatten anzeigt. Wie gut, dass ich nicht unterwegs nach Villafranca bei diesen Temperaturen bin. Ich nehme ein Bad in dem klaren Wasser und nach einigem hin und her entschließt sich Maja, mir zu folgen. Frisch gewaschen und schön abgekühlt legen wir uns beide wieder unter unser provisorisches Sonnendach und dösen weiter vor uns hin. So lässt es sich leben. Auf einer schönen grünen Wiese, mit Blick auf die Gebirge und dem Rauschen des Flusses

im Hintergrund. Den Rest des Tages liegen wir faul rum und machen einfach mal nichts. Abends gegen 18 Uhr beschließe ich dann, dass es Unsinn ist, jetzt die Sachen zu packen und weiter zu laufen. Ich habe keine Eile und hier ist es wirklich traumhaft schön. Wenn ich jetzt weiter laufe, finde ich bestimmt nicht wieder so einen schönen Platz zum Campen und so steht meine Entscheidung fest. Stattdessen mache ich mich auf, einen Supermarkt aufzusuchen und gleich mal mit Maja zu üben, sie alleine bei meinen Sachen zu lassen. Ich leine sie an meinem Rucksack an und gehe weg. Höre sie noch fiepen und bellen hinter mir, aber ich bleibe hart und drehe mich nicht um, sie muss es lernen. Ein paar Straßen weiter finde ich einen Supermarkt und kaufe köstliche Leckereien ein und gönne mir noch ein Bier für den Abend.
Als ich zurück komme, liegt Maja ganz brav an meinem Rucksack und wartet. Ihre Freude ist riesig, als sie mich sieht und ich leine sie schnell ab, ohne sie zu sehr zu loben oder zu begrüßen. Sie soll es als ganz normal empfinden, dass ich gehe und komme und dies keine besondere Sache ist. Ich schmiere mir ein Brot mit köstlichem Schinken und öffne mir mein Bier. Gegen 20 Uhr traut Maja sich nun zum ersten Mal, sich ein wenig von mir zu entfernen und die Gegend im 30m Umkreis selbst zu erkunden. Ich lasse sie gewähren und habe bereits volles Vertrauen, dass sie mir niemals weglaufen wird. Der Himmel ist von der Abendröte in fantasievolle Farben gehüllt und die Berge am Horizont bilden ein Bild wie auf einer kitschigen Postkarte. Plötzlich fängt Maja an zu bellen. Als ich mich umdrehe, steht Lucia mit ihrem Hund hinter mir. Ich bin vollkommen überrascht und versuche, sie zu begrüßen, als wäre ich nicht sonderlich fassungslos. Maja weckt sofort ihren Mutterinstinkt und zu meinem Erstaunen lässt Maja sich von ihr ohne Gegenwehr auf den Arm nehmen und liebkosen. Anscheinend wirkt ihre Aura also auch auf Tiere? Sie fragt mich, wo ich heute Nacht schlafen werde und ich deute auf mein Zelt.

Muss wohl bereits entdeckt worden sein, denn in der Herberge hat man Lucia mit ihrem Hund abgewiesen und hierher geschickt. Zufälle gibt's… Man sagte ihr, da würde bereits ein Pilger mit seinem Hund campen und sie solle doch mal gucken gehen. Zurückhaltend fragt sie mich, ob es ok wäre, wenn sie ihre Sachen holt, um auch hier zu nächtigen. Selbstverständlich stört mich das überhaupt nicht und ich bitte sie mit einer Geste, Platz zu nehmen. Da ihre Sachen noch in der Herberge stehen, drückt sie mir die Leine ihres Hundes in die Hand und sagt, sie komme sofort zurück und hole nur eben schnell ihren Rucksack. Wenige Minuten später taucht sie wieder auf. Sie erzählt mir, sie wäre ein wenig skeptisch gewesen, als man ihr in der Herberge sagte, da würde bereits ein Pilger mit seinem Hund am Fluss schlafen, denn normalerweise sind die meisten Pilger, die mit Hunden unterwegs sind, irgendwelche Landstreicher, die das ganze Jahr den Camino hoch und runter laufen. Umso glücklicher ist sie, mich nun hier zu treffen. Auch Maja beeindruckt sie sehr und als ich ihr die Geschichte erzähle, wie ich zu ihr gekommen bin, laufen ihr fast die Tränen. Spät am Abend bauen wir noch ihr Zelt auf und gehen dann beide schlafen. Ich fühle mich aufgeregt wie ein kleiner Junge vor Weihnachten und kann es kaum erwarten, morgen früh aufzuwachen.

02.07.09, Donnerstag – Cacabellos

Wache gut ausgeschlafen auf und krieche aus meinem Zelt. Keine Ahnung, wie spät es ist und es interessiert mich auch grade nicht wirklich. Lucias Zelt steht noch neben mir und sie scheint noch zu schlafen. Ich setze mich erst einmal an den Fluss und putze mir die Zähne. Nun wacht auch Lucia auf und kommt aus ihrem Zelt hervor. Maja und ihr Hund Buju begrüßen sich sogleich, als wären sie bereits beste Freunde. Wir beschließen, zum Supermarkt zu gehen und erst einmal zu frühstücken. Auf dem Weg dorthin machen wir noch einen Abstecher zum Tierarzt, denn Buju braucht seine Dosis. Er hat irgendeine Hautkrankheit, die angeblich durch Stress verursacht wird. Dem Tier fallen dabei mehr und mehr die Haare aus. Armes Tier, nun weiß ich, wieso ich den Hund viel zu alt eingeschätzt habe. Anschließend setzen wir uns wieder auf die Wiese und beschließen, heute mal einen Ruhetag einzulegen und nicht zu pilgern. Weiß gar nicht, wieso wir beide davon ausgehen, dass wir zusammen laufen werden? Ich habe jedoch keine Einwände und Lucia ebenfalls nicht. Der Platz hier ist wunderschön und endlich kommen wir uns mal ein wenig näher und quatschen über alles, was uns so beschäftigt. Wir lassen die Zeit einfach verstreichen, liegen in der Sonne oder gehen in den Fluss baden. Maja und Buju verstehen sich auch bestens und spielen miteinander oder liegen faul im Schatten rum. Wir haben jedes Gefühl für Zeit verloren, merken aber irgendwann, dass wir wieder Hunger bekommen und suchen noch einmal den Supermarkt auf. Als wir zurückkommen, hängt ein Zettel an unseren Zelten, auf dem steht in Spanisch geschrieben: „Liebe Camper, bitte baut die Zelte ab und lasst keinen Müll zurück, Polizei Cacabellos“ Hmm, da weit und breit kein „agente de policía“ zu sehen ist belassen wir es erst einmal dabei und starten unser Picknick. Keine 5min vergehen, da steht der Polizist dann doch vor uns und deutet uns noch einmal darauf hin, dass wir umgehend die Zelte abbauen müssen, da es nicht erlaubt sei, hier zu campen. Wir handeln aus, dass wir noch zu Ende essen dürfen und danach uns um die Zelte kümmern werden. Echt dumm gelaufen, eigentlich haben wir keine Lust, heute noch weiter zu gehen. Die einfachste Lösung scheint uns zu sein,

einfach den Fluss ein paar hundert Meter weiter runter zu laufen, um dann dort zu campen und so packen wir unser Zeug zusammen und begeben uns auf die Suche nach einen neuen Platz für die Nacht. Der Fluss ist ziemlich zugewachsen, sobald wir die offizielle Rasenfläche verlassen. Auch das Flussufer bietet keinen ordentlichen Untergrund für die Zelte mehr. Wir laufen ein gutes Stück und beschließen dann, unsere Rucksäcke abzuschnallen und durchs Wasser zu laufen, da es am Ufer im Gestrüpp unerträglich wird. Ohne unser Gepäck rutschen wir hinab ins Flussbett, um unsere Suche fortzusetzen. Die dicken Kieselsteine unter uns sind teilweise ziemlich rutschig und wir haben alle Mühe, nicht in eine der 4 Himmelsrichtungen ins Wasser zu stürzen. Lucia hat ziemlich kurze Hotpants an, was mir die Sache nicht grade leichter macht, da ich nur noch auf ihre durchtrainierten, knackig braunen Beine schauen kann. Ich reiche ihr meine Hand, damit sie mehr Halt hat und so laufen wir, immer mal leicht schwankend, durchs Wasser. Nach einer Weile gucken wir uns an und schütteln nur den Kopf. Hier gibt es absolut keine Möglichkeit, einen geeigneten Zeltplatz zu finden. Wir drehen um und steuern wieder unsere Rucksäcke mit unseren zurückgelassenen Hunden an, um dann letztendlich wieder dorthin zurück zu kehren, von wo wir gekommen sind. Auf der Wiese zu sitzen kann uns die Polizei ja wohl kaum verbieten, also warten wir einfach, bis es spät ist und schlagen unsere Zelte dann kurz vorm Schlafengehen auf.
Der Plan scheint uns beiden perfekt zu sein und so machen wir uns auf den Rückweg. Es ist später Nachmittag und nach diesem ausgiebigen Spaziergang treten wir wieder den Marsch zum Supermarkt an, um uns eine Flasche Wein und Oliven zu besorgen. Wir verbringen dann den Abend mit dem Leeren des Rotweines und setzen unsere Konversation fort, bis die Flasche leer ist und wir zum 4ten Mal heute den Supermarkt aufsuchen, um uns Nachschub zu besorgen. Die zweite Flasche hält deutlich länger. Es ist unterdessen dunkel geworden und ein Stern nach

dem anderen taucht am Himmel auf. Unterm Sternenhimmel bin ich immer wie hypnotisiert. Schon als kleiner Junge habe ich es in Portugal geliebt, unterm freien Himmel zu schlafen und stundenlang die Sterne anzugucken. Je mehr Lucia und ich miteinander reden, umso mehr Gemeinsamkeiten entdecken wir an uns. Da es nach Sonnenuntergang schnell kalt wird, schnappen wir uns unsere Isomatten und Schlafsäcke und machen es uns unterm Himmel bequem. Wir sehen immer noch die Polizeistreife alle 30min über die Brücke fahren und so trauen wir uns nicht, die Zelte bereits aufzubauen. Es wird immer kälter, die Weinflasche immer leerer und der Abstand zwischen uns immer geringer, bis wir direkt nebeneinander liegen und sich unsere Gesichter berühren. Der darauf folgende Kuss fühlt sich an wie mein erster Kuss mit meiner ersten großen Liebe. Wir kommen kaum noch voneinander los und unsere Körper schmiegen sich mehr und mehr aneinander. Sie zieht mir mein T-Shirt übern Kopf und hält mich an meinem Hosengürtel fest. Es dauert nicht lange und wir haben unsere Klamotten um uns herum verteilt. Die spanischen Jugendlichen, die in allen Ecken sitzen und feiern, sind uns plötzlich völlig egal und verschwinden im Dunkeln der Nacht. Ihre Stimmen werden zu einem nicht mehr wahrnehmbaren Gemurmel und alle Gedanken scheinen aus unseren Köpfen zu fliegen. Wir bilden den Mittelpunkt und alles außerhalb dreht sich um diesen Punkt und ist für uns nicht mehr real. Wir lieben uns und als wir langsam wieder zu uns kommen, strahlen wir heller und stärker als das Universum bei seiner Entstehung.
Es muss bereits sehr spät sein und so bauen wir die Zelte auf, um uns zurückziehen zu können. Mein Zelt fürs Gepäck und Lucias Zelt für uns.

03.07.09, Freitag – Cacabellos nach Villafranca

Mitten in der Nacht werden wir aus dem Schlaf gerissen. Buju bellt ständig und der Schatten einer Gestalt fällt auf die Hülle der Zeltwand. Wir versuchen, Buju zu beruhigen. Irgendjemand läuft ständig um die Zelte und ich beginne, mir Sorgen um unsere Rucksäcke in meinem Zelt zu machen, als zwei Gestalten mit Wucht Lucias Zelt in dem wir liegen hoch reißen und versuchen, dieses durchzuschütteln. Mir platzt der Kragen und ich ziehe mir schnell eine Hose über, um die Übeltäter zur Rede zu stellen. Draußen vor dem Zelt ist natürlich niemand mehr zu sehen, als ich raus komme. Aber etwa hundert Meter weiter erblicke ich 3 Gestalten, die sofort die Flucht ergreifen, als ich mich ihnen nähere. Meine tierischen Instinkte sind geweckt und ich nehme die Verfolgung auf wie der Jäger bei seiner Beute. Einen der drei bekomme ich zu packen und falte ihn verbal zusammen. Ihm rutscht das Herz in die Hose und außer „¿Qué he hecho?" (was habe ich getan?) bekommt er kein Wort mehr gestammelt. Manchmal hat es echt seine Vorteile, knapp 2 Meter groß zu sein. Ich gehe zurück zum Zelt und lege mich wieder rein. Lucia ist sichtlich verängstigt und sagt mir nur, wie heil froh sie ist, dass sie heute Nacht nicht alleine hier schläft. Buju fängt wieder an zu bellen und die Schatten tauchen wieder auf. Im Bruchteil einer Sekunde stehe ich wieder vorm Zelt und diesmal ergreifen die anderen beiden nicht die Flucht. Zu dritt stehen sie da und starren mich an. Ich gehe auf sie zu, um die Sache zu klären, diesmal auch ein wenig beunruhigt, da ich nun wach bin und die drei deutlich in der Überzahl sind. Keine Ahnung, wie sie reagieren werden, ob sie aggressiv sind oder überhaupt einsichtig. Es sind drei Jugendliche, etwa 18-21 Jahre alt, die wohl zu der Gruppe gehören, die hier zuvor gesoffen hat und es nun für ungeheuer lustig empfinden, die Camper zu nerven. Neben unserem Zelt hat sich übrigens noch eine weitere Pilgergruppe mit ihrem Zelt niedergelassen, was Lucia und ich am Abend gar nicht mehr mitbekommen haben. Ich erkläre den Jungs, dass ich über ihre Streiche nicht lachen kann und in Ruhe schlafen will. Sie haben ihren Spaß gehabt und nun ist gut. Wir sind müde und müssen morgen lange laufen. Der älteste der drei entschuldigt sich für ihr Verhalten und sie sehen in ihrem besoffenen Zustand ein, dass ich nicht lachen kann. Der Alkohol scheint jedoch Wirkung auf ihr Kurzzeitgedächtnis zu haben, denn kaum bin ich wieder am Zelt, planen sie den nächsten Angriff von der angrenzenden Mauer aus. Es reicht, wir haben keine Lust, uns die ganze Nacht mit diesen Halbaffen um die Ohren zu schlagen. Deshalb beschließen wir, unser Zeug zu packen und loszulaufen. Es ist zwischen drei und vier Uhr Nachts und der Mond ist relativ hell. Wir packen unser Hab und Gut. Unsere spanischen Zeltnachbarn, die wohl ebenfalls in ihrem Schlaf gestört worden, kommen auch aus ihrem Zelt gekrochen und schließen sich uns an. Trotz des ziemlich hellen Mondes ist es immer noch stockdunkel, wodurch es uns schwer fällt, den richtigen Weg zu finden. Pfeile lassen sich bei der Dunkelheit nicht erkennen, so kommen wir erst einmal nur im Schneckentempo vorwärts.

Im nächsten Dorf setzen wir uns auf eine Parkbank an einer Wasserquelle und frühstücken mit dem, was wir haben. Unsere beiden Hunde sind hingegen bereits hell wach und toben durch die Gegend. Buju traut sich jedoch um einiges weiter weg als Maja und so läuft Maja ihm immer nur wenige Meter hinterher, um uns beide ja nicht aus den Augen zu verlieren. Zu Beginn dachte ich, wir kommen wegen der Dunkelheit langsam voran, als es jedoch zu dämmern beginnt, merke ich, dass Lucia einfach nur ein sehr gemächliches Tempo an den Tag legt. Sie zeigt mir ihren Pilgerpass und erzählt mir, dass sie bereits 2 Monate auf dem Camino unterwegs ist und genau wie ich in Saint-Jean-Pied-de-Port gestartet sei. Allerdings hat sie hier und da mal als Hospitalera ausgeholfen und ist so auch mal eine Woche an einem Ort geblieben. Außerdem erfahre ich nun, dass sie am Tag

meistens nur so 5 bis 10km läuft. Passt ja eigentlich ganz gut, so kann ich mal einen Gang runter schalten und muss mir auch keine Sorgen mehr um Maja machen.
Die Sonne steht nun am Himmel. Unser Weg führt durch riesige Kirschbaumfelder mit wunderschönen, knallroten Kirschen. Ich muss natürlich sofort an meine Begegnung mit dem Kirschbaum und den ungenießbaren Kirschen vor einigen Wochen denken. Wir probieren vorsichtig und siehe da, die Kirschen schmecken abgöttisch gut. Lucia freut sich wie ein kleines Kind, das man in einen Bonbonladen stellt und auffordert, alles einmal zu probieren. Sie kann sich gar nicht mehr beruhigen und strahlt übers ganze Gesicht. Wir brechen uns noch einen kleinen Zweig für den Weg ab und laufen weiter. Auf dem Weg passieren wir ein kleines, namenloses Dorf, es geht über einen Bach und über mehrere Gebirgsrücken. Wir haben wieder sehr schöne und tiefgründige Gespräche, in erster Linie über uns und unser Leben. Sind uns dabei in allen Dingen einig und haben das Gefühl, noch nie zuvor auf einen Menschen gestoßen zu sein, der so sehr unsere Sprache spricht. Ein sehr schöner Wandertag, der uns bis nach Villafranca del Bierzo führt. Wir kommen zeitig am späten Vormittag an und beschließen, erst einmal einen Mittagsschlaf zu halten.
Ausgeschlafen sitzen wir dann am Mittag vor der Herberge und warten, dass diese öffnet, um uns zu duschen und die sanitären Einrichtungen nutzen zu können. Mir geht es plötzlich von Minute zu Minute schlechter und ich spüre, wie sich Übelkeit in mir breit macht. Lege mich daher wieder auf meine Isomatte und schlafe noch einmal ein. Als ich aufwache, ist mir zum Erbrechen schlecht und ich habe Fieber. Die Herberge hat mittlerweile geöffnet und ich nehme eine heiße Dusche. Lucia wartet draußen mit einer Cola, sowie einer Portion gekochtem Reis mit Karottenstreifen, den sie irgendwo in einem Restaurant aufgetrieben hat, auf mich. Mein Magen dreht sich im Kreis und mir ist immer noch furchtbar übel. Ich überlege, was ich

gegessen habe. Zuerst denke ich, es waren eventuell die ungewaschenen Kirschen, glaube dann aber, es war das Wasser, welches ich in Cacabelos aus dem Fluss getrunken habe, bevor ich mich auf die Suche nach einem Hahn gemacht habe. Mir geht's verdammt dreckig. Ich liege wie ein nasser Lappen auf meiner Isomatte vor der Herberge. Lucia kümmert sich rührend um mich und tut alles nur Erdenkliche, damit es mir wieder besser geht. Bin grade unendlich glücklich, jemanden zu haben, der mich pflegt, auch wenn es nur Kleinigkeiten sind. Wer kennt das nicht, man ist krank und will einfach nur jemanden haben, der einem Tee kocht oder was zu essen bringt. Ich donnere mir eine doppelte Ladung Kohletabletten rein und verbringe den Tag zwischen Isomatte und Toilette. Am späten Nachmittag geht's mir dann schon wieder ganz gut und ich habe das Schlimmste hinter mich gebracht. Bin selbst erstaunt, wie schnell sich mein Körper auskuriert hat. Ich bekomme riesigen Hunger und wie schon in der Vergangenheit bin ich auch heute der Meinung, essen zu müssen, worauf ich Appetit habe. Da Lucia morgen Geburtstag hat, lade ich sie ein, mit mir essen zu gehen. So machen wir es uns auf der Plaza im Zentrum an einem Restaurant gemütlich und feiern mit einem wunderschönen Abendessen in ihren Geburtstag hinein. Danach laufen wir noch einmal durch das kleine Santiago mit seinen vielen Kirchen. Auch der Porta del Perdón (Tor der Vergebung) statten wir einen Besuch ab. Wer weiß, eventuell werden wir ja beide über Nacht so krank, dass wir es nicht mehr bis nach Santiago schaffen. Haben uns auf jeden Fall den richtigen Ort ausgesucht, falls wir heute Nacht an einer Wasservergiftung sterben sollten. Nach unserem Spaziergang gehen wir todmüde zu unseren Zelten zurück, die wir vor der Herberge aufschlagen durften und schlafen sofort tief und fest ein.
Dieses Mal hoffentlich ohne nächtliche Störenfriede...

04.07.09, Samstag – Villafranca del Bierzo

Heute Nacht konnten wir seelenruhig schlafen, ohne dass uns irgendwelche spanischen Kids die Nacht verkürzt haben. Auch mein Bauch hat sich weitgehend wieder eingerenkt und ich fühle mich top fit, als ich erwache. Lucia hat heute Geburtstag und wird 28 Jahre alt. Allerdings kommt es, wie es kommen muss, heute ist Lucia dran mit Bauchschmerzen, Übelkeit, Fieber und ständigen Toilettengängen. Es war ganz sicher das Wasser in Cacabelos, denn ich habe das Wasser ziemlich genau 12 Stunden früher als sie getrunken. Ich mache uns ein Frühstück und Tee und wir beide müssen über die Ironie lachen, dass grade an ihrem Geburtstag Krankheit sie in die Knie zwingt. Es sind bereits alle Pilger aufgebrochen. Nur wir beide sind noch in unseren Zelten mit unseren beiden Hunde vor der Herberge. Lucia ruht sich ein wenig vorm Zelt aus und ich gehe derweilen unsere Sachen waschen. Die Herberge schließt vormittags, damit sauber gemacht werden kann. Es sind zwei Hospitaleras für die Herberge zuständig, eine herzhaft lieb und hilfsbereit, die andere, ihr Schatten, düster, gehässig und ständig mies drauf. Ausgerechnet die macht heute morgen sauber. Als sie mich draußen am Wasserhahn stehen sieht, wie ich die Wäsche mache, kommt sie wie eine Furie auf mich zu gestürmt und schimpft auf mich ein, dass unsere Zelte immer noch hier stehen, sie hier sauber zu machen hat und um 8 Uhr alle Pilger die Herberge zu verlassen haben. Dumme Zicke, denke ich mir nur. Unsere Zelte stehen nicht einmal auf dem Grundstück der Herberge. Außerdem habe ich gestern für uns beide in der Herberge die Übernachtung gezahlt und wir schlafen nicht einmal dort. Auch jetzt betreten wir diese nicht, damit sie in Ruhe sauber machen kann. Die soll sich also mal runter kochen. Umso mehr kann man dafür die andere Hospitalera schätzen. Als ich später wieder für eine zweite Übernachtung zahle und ihr erkläre, meiner

Begleitung würde es nicht gut gehen und wir könnten heute nicht weiter laufen, ist sie unglaublich um uns bemüht. Sie kocht Tee für Lucia und sagt mir, was ich alles zu besorgen habe, damit sie wieder auf die Beine kommt. Ich werde also los geschickt, um einen Apfel zu kaufen, damit ich diesen braten kann und Lucia was zu essen bekommt. Wusste bis zu dem Tag nicht, dass gebratene Äpfel gegen Magenprobleme helfen, aber man lernt ja bekanntlich nie aus. Im Supermarkt kaufe ich zusätzlich noch einen kleinen Schokoladenkuchen, nicht zum Essen, sondern einfach nur für Lucia, um ihren Geburtstag zumindest ein klein wenig zu feiern. Der Kuchen kommt fantastisch bei ihr an und obwohl ich ihn nur symbolisch gekauft habe, besteht Lucia gegen all meine Einwände darauf, diesen zumindest zu einem Teil zu essen. Wie ich später erfahre, liebt sie Schokolade über alles und der Geburtstagskuchen war für sie eine Delikatesse. Trotzdem erlaube ich ihr nicht mehr als ein ganz kleines Stückchen zu sich zu nehmen, aus Angst um ihre Gesundheit und stelle ihn im Kühlschrank der Herberge unter.
Unsere beiden Hunde genießen ebenfalls den freien Tag und sind bereits zu einem richtigen Duo geworden. Buju ist Majas großer Beschützer. Sobald ein Hund kommt oder Maja Schutz vor den ständig ankommenden Pilgern sucht, die sie alle streicheln wollen, baut er sich wie eine böse Bestie auf und vertreibt alle, die ihr zu nahe kommen. Ich fange an, den alten jungen Buju richtig zu lieben. Er hat richtig Charakter, ist lieb wie ein Schoßhund und trotzdem für jeden, der ihn nicht kennt, wirklich furchterregend. Würde er auf mich so zustürmen und bellen, wie er es zu tun pflegt, hätte ich auf jeden Fall ordentlich Respekt vor dem Tier und ich bin, was Hunde betrifft, nicht im Geringsten ängstlich. Als kleiner Junge habe ich Hunde schon über alles geliebt. Meine Eltern sind jedes Mal vor Angst gestorben, wenn ich mit meinen kleinen jungen Händchen wieder mal einen laut bellenden Hund beruhigt habe, bis er sich ganz zahm von mir streicheln ließ und mir das Gesicht leckte.

Maja isst im Gegensatz zu uns alles, was sie zwischen die Zähne bekommt. Egal, ob ein Taschentuch, Plastiktüten, Apfelkitschen oder ein altes Stück Seife. Ich bin ständig mit meinen Augen hinter ihr her, um zu kontrollieren, dass sie nicht wieder irgendwelchen Müll verschluckt.
Am Abend koche ich Lucia eine leichte Pasta mit ein klein wenig Butter und Salz. Ihr geht es auch schon wieder ein bisschen besser und wir hoffen, morgen beide wieder bei Kräften zu sein, um den „Camino Duro" gehen zu können.

05.07.09, Sonntag – Villafranca nach Trabadelo

Es ist feucht in unserem Zelt, als wir am Morgen aufwachen. Draußen nieselt es leicht. Uns beiden geht es mehr oder weniger gut. Zwar fühlen wir uns nicht gesund, aber krank sind wir auch nicht mehr und so beschließen wir, heute weiter zu laufen. Von Villafranca aus hat man die Möglichkeit, den sogenannten „Camino Duro" (Der harte Weg) zu gehen. Es wird dringend empfohlen, diesen Weg nur zu nehmen, wenn man geübter Pilger ist. Auf dem Weg durchs Dorfzentrum begegnen wir der netten Hospitalera, die uns ganz entgeistert anschaut. Sie kann nicht fassen, dass wir heute in unserer Verfassung weiter laufen und als sie erfährt, dass wir den Camino Duro nehmen wollen, verschlägt es ihr vollends die Sprache. Sie hat schwarzen Tee und eine Zitrone für uns besorgt und wollte grade zur Herberge und uns den Tee zubereiten. Sie drückt uns die Sachen in die Hand, umarmt und küsst uns und wünscht uns ein „buen camino".
Mit unseren beiden Hunden im Gespann pilgern wir also los und stehen wenige Minuten später vor der Weggabelung. Ein großes

Schild steht am Aufstieg zum Camino Duro und weist noch einmal in allen Sprachen darauf hin, dass dieser Weg nur von geübten Pilgern eingeschlagen werden sollte. Fühlen uns zwar noch ein wenig schlapp, aber zutrauen wollen wir uns den Weg allemal und da er hoch über den Gebirgspass führt und somit sehr schön sein muss, steht für uns die Entscheidung fest. Beim Anstieg macht der duro seinem Namen alle Ehre. Es geht ungeheuer steil hoch. Habe bisher auf der gesamten Reise noch keinen vergleichbar steilen Aufstieg gehabt. Wir haben jedoch alle Zeit der Welt und so hetzen wir uns nicht den Berg hinauf und kommen zwar leicht außer Atem, aber wohlauf irgendwann an dem Stück an, wo es ebener wird. Das Schwerste wäre geschafft und die Belohnung ist ein himmlischer Ausblick übers Land. Der Weg geht von nun an ohne weitere Steigungen stundenlang auf dem Gebirgsrücken entlang. Außer uns beiden ist weit und breit kein anderer Pilger zu sehen. Buju läuft wie immer außer Sichtweite vor uns her und Maja bleibt brav an unserer Seite, auch wenn sie jedes Mal versucht, mit Buju Schritt zu halten, wenn dieser mal wieder auftaucht. Das Risiko, uns aus den Augen zu verlieren, geht sie dann aber doch nicht ein. Auf dem Gebirgsrücken gibt es nahezu keinen Schatten und langsam wird es heißer und heißer. Die Sonne hat unterdessen alle Wolken und den Regen vom Himmel vertrieben und brütet wie gewohnt über allem, was sich nicht rechtzeitig in Sicherheit bringen kann. Uns geht das Wasser aus und auch für unsere beiden Hunde haben wir keinen Tropfen mehr übrig. Verrückter Weise geben wir beide unser letztes Wasser lieber unseren Tieren, als dass wir es selber trinken. Lucia möchte dann eine Pause einlegen, aber ich dränge sie noch ein wenig weiter zu laufen, da ich wenige Kilometer entfernt Bäume zu sehen vermeine. Wir laufen knapp 30min weiter und tatsächlich, hinter der nächsten Anhöhe taucht ein riesiger Kastanienwald vor uns auf. Wir legen uns in den Schatten und schlafen sofort ein.

Einige Stunden später reißt Buju uns mit einem furchterregenden Gebell aus dem Schlaf. Vor ihm mit erhobenen Händen steht Juan, der Spanier aus Puente la Reina, welcher mit seiner Freundin in Österreich gelebt hat. Wir können es beide gar nicht glauben, einander hier wieder zu begegnen. Durch meinen Gewaltmarsch in den letzten Wochen habe ich jede Bekanntschaft hinter mir gelassen und durch Maja bin ich wieder so langsam geworden, dass mich alle bereits getroffenen Personen nun nach und nach wieder einholen. Buju hält Juan immer noch durch seinen furchterregenden Auftritt fest, bis wir Juan zurufen, er könne sich frei bewegen, Buju werde ihm nichts tun. Langsam nimmt er seine Arme runter und redet Buju ängstlich zu. Übersetzt so viel wie: „braves Hündchen, sei schön lieb, ja?“ Er gesellt sich zu uns und die Freude ist wirklich groß. Ich stelle ihm Lucia und Maja vor und er kann gar nicht glauben, dass ich nun einen Hund mit mir führe. Leider muss er schon bald weiter, da er heute noch ein gutes Stück bewältigen muss, um rechtzeitig in Santiago zu sein, wo er mit seiner Freundin verabredet ist. Wir sagen uns „Lebe wohl“, diesmal richtig, denn noch mal werden wir uns bestimmt nicht über den Weg laufen. Da Lucia und ich nun wach sind, nachdem wir mehrere Stunden geschlafen haben, rappeln wir uns auf, um unseren Weg ins Unbekannte fortzusetzen.
Wir laufen noch ein kleines Stück weiter und stoßen dann auf ein wirklich hässliches kleines Dörfchen, umgeben von Schnellstraße und Autobahn namens Trabadelo. Wir halten an, um eine weitere Pause zu machen und kommen ins Gespräch mit dem ansässigen Hospitalero, der uns gerne heute in seiner Herberge hätte. Sein Name ist Alexandro, etwa Mitte 40 und guter Laune. Durch sein Germanistikstudium spricht er fließend Deutsch und so erzählt er uns beiden abwechselnd auf Spanisch und Deutsch alles Mögliche über den Jakobsweg. Wir reden über die Pilger und den Unterschied zu den Möchtegernpilgern, die eher Touristen sind, den Weg nicht oder nur Stückchenweise laufen,

überwiegend in Hotels nächtigen und ihr Gepäck per Auto von Ort zu Ort schicken lassen. Alexandro hat für diese Peregrinos (span. pl. für Pilger) den passenden Ausdruck und tauft sie Touregrinos. Seine Lebensgeschichte und jetzige Lebenseinstellung erzählt er uns dann einige Stunden später, als wir ihn fragen, wie er dazu gekommen ist, hier als Hospitalero seine Zeit zu verbringen. Er berichtet uns, dass er verheiratet war und eine Tochter hatte. Vor zwei Jahren sind seine Frau und seine Tochter bei einem Autounfall ums Leben gekommen.
Für ihn ist eine Welt zusammengebrochen und sein Leben schien jeden Sinn verloren zu haben. Er pilgerte daraufhin nach Rom, Jerusalem und auch nach Santiago, um Antworten zu finden. Trotz dieses tragischen Unfalles versucht er, sein Leben glücklich weiter zu leben. „Ich kann entweder jeden Tag über das trauern, was ich verloren habe. Oder ich erfreue mich jeden Tag über das, was ich bereits erlebt habe und was ein neuer Tag mir schenken kann." Für einen Außenstehenden ist das schwer nachvollziehbar. Ich habe die folgenden Tage noch viel darüber nachgedacht und bin zu dem Entschluss gekommen, dass dies der größte Schmerz sein muss, den ein Mensch empfinden kann. Der Verlust der geliebten Person und des eigenen Kindes. Danach mit einer solchen Lebenseinstellung neu anzufangen, bedarf eines unglaublich starken Charakters oder religiöser Weltsicht. Beides hat Alexandro. Er strahlt während des ganzen Gespräches. Auch wenn ich mir sicher bin, dass das Lachen in seinen Augen momentan vielleicht noch nicht wieder von Innen kommt, so bemüht und diszipliniert er sich, nicht in Depressionen zu verfallen. Dieser Mann hatte ein Lebensziel in seinem Alltag und das alles ist in einem tragischen Moment zusammengebrochen. Unsere Gespräche gehen mir sehr nahe und seine Einstellung zum Leben ist sehr weise und interessant.
Wieder einmal läuft es darauf hinaus, sein Leben im vollen Maße zu erleben. Es lässt sich nur bedingt kontrollieren oder steuern. Das Leben ist zu kurz und zu kostbar, um es zu verschwenden

und sich zu viele Gedanken übers Leben selbst zu machen. Wer seine Zeit nur damit verbringt, über Geschehenes nachzudenken und für die Zukunft zu planen, verpasst das Hier und Jetzt, in dem man sich augenblicklich befindet. Wer mit 50 Jahren sein vergangenes Leben bereut und meint, nun ist es zu spät, ich bin zu alt und kann die Zeit nicht zurückdrehen, der hat nichts von seinem bisherigen und auch nichts von seinem bevorstehenden Leben, da er den Rest seiner verbleibenden Zeit damit verbringen wird, über die verpasste Zeit zu trauern. Muss man für diese Erkenntnis erst Tausende Kilometer weit pilgern?
Alexandro bietet uns an, im Garten der Herberge unsere Zelte aufzuschlagen, wir müssten jedoch warten, bis die Besitzerin der Herberge weg sei, da diese sonst Stress machen würde. Alternativ können wir aber auch ca. 500m weiter zu einem Forellenbach laufen. Dort gäbe es klares, sauberes Wasser und eine schöne grüne Wiese drum herum. Er selbst würde manchmal stundenlang dort sitzen und den Tag genießen. Das klingt natürlich sehr verlockend und da Lucia und ich auch Lust haben, bei der Hitze ein richtiges Bad zu nehmen und Maja und Buju sich dort mit großer Wahrscheinlichkeit auch wohl fühlen werden, gehen wir mal gucken, was es mit diesem kleinen Paradies auf sich hat.
Es sind tatsächlich nur wenige hundert Meter und wir stehen hinter einer dicken Baumreihe, umgeben von Sträuchern und Büschen auf einer saftig grünen Wiese mit einem eiskalt klaren Forellenbach und kleinem Staudamm, so dass sich ein tiefes Becken zum Baden davor bildet. Da wir keine Badesachen dabei haben und leider nicht ganz alleine sind, springen wir in Unterwäsche ins eiskalte Wasser. Maja und Buju stehen bellend am Beckenrand und dann geschieht das für Lucia Unvorstellbare: Maja springt wagemutig ins Wasser und kommt zu mir geschwommen. Buju möchte nun nicht das Weichei sein und folgt seiner kleinen Göttin mutig. Ich nehme das gar nicht sonderlich zur Kenntnis, bis Lucia mir erzählt, dass Buju nahezu

wasserscheu ist und noch nie zuvor irgendwo ein Bad genommen hat. Sie muss ihn immer mit riesigem Aufwand festhalten, um ihn wenigstens gelegentlich einer Körperwäsche zu unterziehen und nun taucht er wie ein Seehund ins Wasser ein. Wir haben alle unseren Spaß im Wasser und spielen und schwimmen, bis wir ordentlich abgekühlt sind. Danach legen wir uns in die warme Sonne ins grüne Gras um uns zu trocknen. Der Platz ist traumhaft schön und uns ist klar, dass wir hier am Fluss schlafen werden. Wie es der Zufall will, ist die Autobahn momentan wegen Steinschlages gesperrt, so haben wir absolute Ruhe. Die Autos, die hinter uns auf der nicht sichtbaren Schnellstraße fahren, werden vom Wasserfall des kleinen Staudammes übertönt. Der perfekte Zeltplatz.
Unser Magen beginnt nun zu knurren. Haben die letzten Tage ja kaum was gegessen und verspüren einen riesigen Appetit. Zwar sind wir uns beide bewusst darüber, dass wir immer noch leicht krank sind und es langsam angehen sollten, aber der Hunger siegt und so entscheiden wir uns, eine köstliche Carbonara in der Küche der Herberge zuzubereiten. Wir kaufen alles Nötige ein und laufen zurück zur Herberge. Alexandro ist momentan nicht auffindbar, aber er hat uns zuvor bereits die Erlaubnis erteilt, alles frei nutzen zu können. Carbonara ist eines meiner Lieblingsgerichte und ich mache sie auf traditionelle Weise mit einem Eigelb, dem Nudelwasser mit Parmesan, Knoblauch und Bacon. Heute jedoch ist sie ein wenig anders. Wir mussten beim Kauf des Käses improvisieren. Anscheinend hat mich das so irritiert, dass ich vergessen habe, den Bacon zu kaufen und mir das auch nicht auffällt, bis ich die fertige Pasta in der Pfanne unterrühren möchte und mir diese nur mit Knoblauch ein wenig leer erscheint. Im Rucksack habe ich noch eine Mortadella von gestern. Gegen jede Skepsis beschließe ich, diese statt des Bacons zu verwenden. Die Carbonara wird hervorragend! Wir nehmen noch eine warme Dusche und gehen diesmal mit Gepäck zurück, um unsere Zelte aufzuschlagen und uns schlafen zu legen.

06.07.09, Montag – Trabadelo nach O Cebreiro

Das Plätschern des Wassers im Hintergrund unserer Zelte beschert uns eine wunderbare, friedliche Nacht und holt uns am Morgen friedlich aus unserem Schlaf. Wir begeben uns zurück zur Herberge, um uns Pfannkuchen zum Frühstück zu machen. Haben gestern bereits 2 Eier mehr gekauft und mit einem Liter Milch vorgesorgt. Mehl gab's noch in der Herberge. Nach unserem köstlichen Frühstück geht's wieder los. Heute mal mit einem Ziel und sogar straffem Zeitplan, denn Lucias Mutter ist extra aus Brasilien angeflogen und erwartet uns heute in o Cebreiro. Die letzten Tage haben wir jedes Gefühl für Raum und Zeit verloren. Wir stehen auf, wenn wir aufstehen wollen, laufen, solange wir laufen wollen, schlafen, wenn wir schlafen wollen und essen, wenn wir essen wollen. Bevor wir uns getroffen hatten, war mein Tag noch relativ strukturiert, obwohl ich das eigentlich immer vermeiden wollte. Ich habe immer auf die Zeit geachtet, überlegt, wie weit ich noch laufen werde, überlegt, wo ich am besten schlafen kann, geplant, wo und wann ich mir was zu essen kaufe und manchmal sogar geplant, wann ich morgens aufstehe, um zu einer bestimmten Zeit an einem bestimmten Ort zu sein. Lucia ist in dieser Hinsicht bereits um einiges weiter als ich. Die Tatsache, dass alles zum rechten Zeitpunkt geschieht, muss man akzeptieren. Hat man Vertrauen, hat man keine Sorgen mehr. Es ist sinnlos sich Gedanken über Dinge zu machen, die man nicht beeinflussen kann. Ich kann so lange laufen, wie ich will, und wenn ich nicht mehr kann, nehme ich den erst besten Platz zum schlafen. Überlege ich mir jedoch schon am Morgen, bis wohin ich heute laufen werde und wann ich dort ankommen muss, habe ich nur Stress. Ich verpasse den Weg zu meinem Ziel und komme niemals an, denn der Weg ist ja bekanntlich das Ziel. Ich merke, dass ich eine riesige Veränderung mit mir durchmache. All die Begegnungen auf dem

Camino und all die Gespräche haben einiges in mir bewegt. Die Kilometer langen Wanderungen, auf denen ich manchmal keiner Menschenseele begegne, geben mir Zeit, Gedanken zu fassen, die ich im Alltag niemals zustande bringen könnte. Die Wahrnehmung der Natur verändert sich und das Leben findet sich in allem wieder, was einen umgibt. Es steckt in jedem Gegenstand und es liegt nur an uns, dessen Seele zu erwecken. Ich fange an zu verstehen, wieso Menschen sich auf der Suche nach Gott auf den Camino begeben. Der Weg hat etwas Transzendentes, etwas Übernatürliches, wenn man vertraut und die Dinge geschehen lässt.
Eigentlich haben wir auch heute alle Zeit der Welt, denn o Cebreiro ist weniger als 20km von hier entfernt und es ist grade mal 8:30 Uhr. Dennoch ist Lucia nervös und unruhig. Vor wenigen Tagen hätte ich die ca. 20km noch in 3 bis 4 Stunden hinter mich gebracht, daher schreibt Lucia ihrer Mutter aus der Herberge eine Email, in der wir meiner Berechnung nach gegen 13 Uhr in o Cebreiro eintreffen werden. Eigentlich hätte ich wissen müssen, dass diese Berechnung aufgrund unseres bisherigen Tempos absolut unrealistisch ist.
Als wir loslaufen, ist es kühl und leicht bewölkt. Der Weg ist zu Beginn leider nicht so schön, denn es geht die ganze Zeit nur an der Schnellstraße entlang. Um 13 Uhr haben wir grade mal knapp die Hälfte zurückgelegt und erreichen eine Herberge namens „Albergue Do Sol“, geführt von einer Brasilianerin. Natürlich kommen wir nicht drum herum, dort zu halten und eine längere Pause einlegen. Die Brasilianerin aus Salvador da Bahia lädt uns ein, ihre sich im Schatten befindenden Hängematten hinter dem Haus für ein kleines Schläfchen zu nutzen und da der Himmel wie auch die letzten Tage zur Mittagszeit wieder wolkenlos ist, nehmen wir die Einladung dankend an. Wir legen uns jeder in eine der Matten und Buju sucht sich ein schattiges Plätzchen auf dem kühlen Boden. Nur Maja ist mit dieser Situation nicht zufrieden. Die Tatsache, dass

ich in einer Hängematte über ihr liege und somit außerhalb ihres Blickfeldes bin, beunruhigt sie so sehr, dass ich sie letzten Endes mit in die Matte legen muss, damit sie endlich Ruhe gibt. Ich liebe dieses kleine Geschöpf mittlerweile so sehr, dass ich nicht weiß, wie und ob ich sie jemals wieder abgeben kann. Sie schenkt mir all ihr Vertrauen und tut alles, was ich ihr sage, ohne dass ich sie groß erziehen muss. Es wird mir das Herz brechen, sie wieder abzugeben. Ich erzähle es Lucia und sie fragt mich, wieso ich sie nicht behalte. Ich würde gerne, aber bevor ich auf den Camino gegangen bin, habe ich all meinen Besitz verkauft, meine Wohnung aufgegeben und mir vorgenommen, für mindestens 1 Jahr durch die Welt zu reisen. Sie auf meine Reise mitzunehmen wäre natürlich ein absoluter Traum, nur werde ich jede Menge Komplikationen haben, von den finanziellen Problemen mal ganz abgesehen. Ich kann nicht mehr einfach meinen Rucksack nehmen und spontan einen Flug buchen, ich muss immer zusätzlich noch einen Hundetransport organisieren. Lucia stimmt mir zu, sie hat die Erfahrung mit Buju bereits gemacht. Es ist furchtbar kompliziert und kostspielig, wenn man einen Hund mit sich führt und sie ist lediglich über Italien nach Spanien gereist. Ich möchte jedoch nach Thailand, Indien, Neuseeland sowie Südafrika und Südamerika. Mein Geld wird gerade eben reichen, um mir diesen Traum zu finanzieren. Zwar könnte ich ein paar Stationen auslassen und das Geld reicht eventuell für uns beide, aber selbst dann wird es nicht einfach mit einem Hund. Ich werde nicht einfach überall wie hier auf dem Camino mein Zelt aufschlagen können. Und eine günstige Unterkunft zu finden, in der es mir erlaubt ist, meinen Hund mit zu führen, wird nicht grade einfach sein. Lucia tröstet mich am Ende mit den aufbauenden Worten: „Du hast diesem Tier ein Leben geschenkt, ohne deine Tat würde man sie bald töten. Nun hat sie eine Zukunft, auch wenn diese unbekannt ist.“ Genau das war meine Intuition und es tut gut, dies noch einmal bestätigt zu bekommen.

Nach unserer Mittagspause und diesem Gefühlsausbruch machen wir uns an den Anstieg des Cebreiros. Die Schnellstraße endet endlich und der Camino beginnt sich wieder von seiner schönsten Seite zu zeigen. Wie auch zu Beginn die Pyrenäen und später die Montes de León hinter Astorga gehört auch der Aufstieg zum Cebreiro, der für sich 1250m Höhe verbuchen kann, mit zu den meiner Meinung nach schönsten Abschnitten des Jakobsweges. Es geht noch ein kurzes Stück an einer kaum befahrenen Asphaltstraße entlang, bis sich der Weg der Fußpilger von dem der Fahrradfahrer trennt und uns auf den alten, teilweise noch mit Pflastersteinen erhaltenen Pilgerweg führt. Es geht durch wunderschöne Laubwälder an Gebirgshängen und Wiesen entlang. Je höher wir kommen, umso schöner wird der Weg. Ein echter Verlust für jeden, der hier mit dem Fahrrad unterwegs ist und gezwungenermaßen die Straße nehmen muss.

Da wir häufig irgendwo stoppen und uns festquatschen, kommen wir wie erwartet nur sehr langsam voran. In Hospital Inglés stoßen wir auf ein ganz einfaches Refugio einer jungen, alternativen Spanierin aus Madrid. Sie hat sich hierhin zurückgezogen und ihr vorheriges Leben aufgegeben. Wir verbringen mehrere Stunden mit ihr und ich überlege, ob ich ihr Maja anbieten soll. Ich bringe es jedoch nicht fertig und verwerfe den Gedanken wieder, auch wenn ich mir sicher bin, dass Maja hier ein traumhaft freies und schönes Leben führen könnte. Da es bereits später Nachmittag ist und Lucias Mutter wartet, müssen wir weiter laufen. Ein Jammer, dass wir uns auf dieser wunderschönen Etappe so hetzen. Kurz vor dem Dorf o Cebreiro überschreiten wir die Grenze nach Galicien und verlassen die Kommune Castilla y León. Ab hier sind es noch 152km bis Santiago. Jeder Kilometer wird nun gezählt und mit einem Markierungsstein festgehalten. Es ist bereits ca. 22 Uhr Abends und wird rasend schnell immer dunkler. Wir müssten jeden Moment das Dorf o Cebreiro erreichen, aber es taucht einfach nicht auf. Weitere 30min später sehen wir dann endlich Zivilisation. Dort ist es, o Cebreiro mit seinen galicischen Pallozas, den traditionellen aus Naturstein gebauten Häusern mit tiefem Strohdach. Es ist stockdunkel und wir laufen durch die kleine 100m lange Gasse welche den Dorfmittelpunkt bildet. Rechts und links sind überall kleine Restaurants und Bars. Am Ende der Straße steht eine Tür offen. Wir steuern dieses Restaurant an und drinnen sitzt Lucias Mutter mit gefalteten Händen und betet. Als sie uns erblickt, bricht sie in Freudentränen aus. Sie hat ihre Tochter seit über einem Jahr nicht mehr gesehen. Lucia hat Brasilien damals verlassen, um in Italien einen Zeichenkurs zu belegen. Als dieser zu Ende war, beschloss sie, noch weitere Zeit in Italien zu verbringen und so wurde aus einem Monat ein ganzes Jahr. Cecilia, Lucias Mutter, strahlt und lässt ihren Emotionen freien Lauf. Wir sitzen noch in dem Restaurant, bis uns der Wirt vor die Tür setzt, um endlich schließen zu können. Es ist unangenehm kalt hier oben auf dem Cebreiro und dichter Nebel umhüllt das kleine Dorf. Lucias Mutter hat sich in einem der Hostals eingecheckt und bietet uns an, einfach in ihrem Zimmer zu schlafen. Sie scheint da als Brasilianerin wohl kein Problem drin zu sehen, ich sehe jedoch schon den Besitzer vor mir, der uns alle samt Hunde davon jagt, wenn wir es wagen, in einem Einbett-Zimmer zu dritt, bzw. zu fünft zu nächtigen. Um Komplikationen aus dem Weg zu gehen, bestehe ich darauf, im Zelt zu schlafen und ehrlich gesagt, ist mir das sogar lieber. Cecilia wirft uns noch 2 dicke Wolldecken aus dem Fenster und so verkriechen Lucia, ich, Maja und Buju uns in unser Zelt, umhüllt vom kalten Nebel.

07.07.09, Dienstag - O Cebreiro

Trotz der eisigen Kälte gestern Nacht haben wir prima geschlafen. Wir schleichen uns durchs Wirtshaus in Cecilias Zimmer und nehmen erst einmal eine heiße Dusche, um anschließend alle zusammen zu frühstücken. Wir sitzen bis zum späten Vormittag im Gasthaus und vertrödeln dann den Nachmittag in o Cebreiro, essen wenige Stunden später zu Mittag und planen bereits das Abendessen. Heute wird definitiv nicht mehr gelaufen. Am Nachmittag schauen wir uns die Kirche an und ich erzähle den beiden die Geschichte des Bauern, der bei Sturm und Regen auf den Cebreiro hoch steigt, um an der Messe teil zu nehmen. Die Geschichte stammt aus dem 14. Jh. Der besagte Bauer war der einzige Anwesende in der Messe und der Mönch, ein Priester, sagt man, habe sich im Stillen gedacht, dieser Mensch muss verrückt sein, sich für ein Stückchen Brot

und Wein den steilen Aufstieg anzutun. In diesem Augenblick verwandeln sich das Brot in Fleisch und der Wein in Blut.
Da Cecilia und Lucia beide sehr gläubig sind, verbringen sie mehr Zeit als ich in der Kirche und beenden ihren Besuch mit einem Gebet. Den Rest des Tages bis zum Abendessen verbringen wir mit Nichtstun und genießen einfach nur die wunderbare Aussicht und die strahlende Sonne auf 1250m Höhe.

08.07.09, Mittwoch – O Cebreiro zurück nach La Laguna

Nach dem gestrigen Ruhetag soll es heute weiter gehen. Lucia hat ihre Mutter überredet, von hier nach Santiago zu laufen und ihr einen Pilgerpass besorgt. Zwar bietet Lucia mir an, mit ihnen zu gehen, aber ich habe das Gefühl, dass die beiden ein wenig Zeit für sich benötigen. Cecilia ist extra aus Brasilien gekommen, um ihre Tochter zu sehen und möchte sie schnellstmöglich wieder zurück holen. Wir tauschen unsere Email-Adressen aus und verabschieden uns mit dem Wissen, dass wir uns eventuell nie wieder sehen werden. Lucia möchte, sobald sie Santiago erreichen, ihrer Mutter noch für 1-2 Wochen Italien zeigen und wird dann mit ihr zurück nach Brasilien fliegen. Wenn wir uns jetzt trennen, so ist es vielleicht für immer! Zum Abschied schenkt mir Lucia einen Origami - Schwan, den sie aus einem Stück Papier gefaltet hat. Ich lasse die beiden losziehen und laufe selbst zurück ins letzte Dorf vor o Cebreiro. Ich bin mir aber eigentlich sicher, dass ich Lucia wieder sehen werde, denn bis Santiago sind es noch ca. 150km und die beiden laufen sicherlich nicht mehr als 10km pro Tag. Es ist schon relativ spät, als ich mich auf den Rückweg mache und ich fühle mich ziemlich deprimiert. Vor wenigen Stunden war ich noch mit allem einverstanden und sicher, Lucia nicht verloren zu haben. Aber nun ist sie weg und ich fühle mich plötzlich verlassen und einsam ohne sie. Als ich in La Laguna ankomme, bereue ich meine Entscheidung so sehr, dass ich ernsthaft darüber nachdenke, umzudrehen und wieder nach o Cebreiro zu laufen, um dann den Abstieg in Richtung Triacastela zu beginnen. In La Laguna gibt es eine kleine Herberge, eher ein Refugio, welches ich angesteuert habe. Der Herbergsvater, ein Deutscher, bittet mich Platz zu nehmen und erst einmal ein Glas Wein zu trinken und zum Abendessen zu bleiben. Ich sei sein Gast und bin heute eingeladen. Hunger habe ich tatsächlich und so lasse ich mich nieder und entspanne mich ein wenig. Er hat einen Hund namens Lobo in seiner Herberge, der wie ein weißer Wolf ausschaut. Auf jeden Fall ist dort mal ein Husky durch seine Blutslinie gelaufen. Ein wundervolles Tier. Draußen ist es schon stockdüster und es wird immer später, der Abend aber auch sehr nett. Am Ende siegt meine Vernunft und ich beschließe, morgen früh zeitig aufzubrechen und die beiden dann bis zum Nachmittag einzuholen. Ich bekomme ein gemütliches Bett und da außer mir keine anderen Pilger hier sind, darf Maja sogar mit in die Schlafräume.

09.07.09, Donnerstag – La Laguna über o Cebreiro nach Triacastela

Um 4:45 Uhr wache ich bereits auf. Bin hellwach und auch wenn es verrückt ist, stehe ich auf und mache mich Abmarsch bereit. Dreißig Minuten später laufe ich wieder einmal in Richtung o

Cebreiro. Vor der Herberge liegt Lobo. Als er Maja und mich sieht steht er auf und läuft mit uns mit. Es ist noch eiskalt und stockdüster. Zwar ist der Mond fast voll und der Himmel sternenklar, aber der Weg ist so schwarz, dass ich keine 2 Meter weit gucken kann. Lobo scheint meine Gedanken zu lesen. Als wollte er mich und Maja beschützen, geleitet er uns bis nach o Cebreiro. Er läuft wenige Meter vor uns her, so dass ich in der Dunkelheit immer einen leicht weißen Punkt im Nichts erkennen kann, dem ich einfach folge. Es mag verrückt klingen, aber es ist wieder einmal ein Hund, der mir den rechten Weg weißt. Damals in Puente la Reina, als ich krank und deprimiert war, kam ein Husky zu mir. Und jetzt, wo es stockdüster ist, ich wegen Lucia deprimiert bin und mich mutterseelenallein mit Maja im Dunkeln befinde, taucht er wieder auf. Dieses Mal völlig in Weiß. Es mag absurd klingen, aber ich habe Gott für mich gefunden, ohne wirklich nach ihm gesucht zu haben. Er ist allgegenwärtig und in allem, was uns umgibt. Er ist der Tag und die Nacht, die Sonne und der Mond, die Luft, die wir atmen und das Wasser, welches wir trinken. Er ist in jedem Gegenstand und in jedem Lebewesen und dennoch ist er zugleich nichts von alledem! Für mich ist er das Universum und das Universum ist das Absolute. Es liegt an jedem Einzelnen, welche Interpretation man für sich zulassen möchte. Öffnet man jedoch seinen Geist, so lassen sich die Zeichen lesen. Mir hilft Gott heute morgen in der Manifestation des weißen Hundes. Ich verliere jede Angst und obwohl ich eine Taschenlampe dabei habe, benutze ich diese nicht. Sie würde das Schwarz um mich herum nur verstärken und mir die Sicht auf meinen Begleiter verwehren. Ich habe Vertrauen und dieses Vertrauen ist stärker als alles, was ich je zuvor in meinem Leben gefühlt habe. Pantheismus steht für mich nicht mehr im Gegensatz zum mir bisher vermittelten Monotheismus, Gott offenbart sich in allen Elementen der Welt, die mich umgeben.

Wir kommen sehr gut voran und Lobo führt uns bis nach o Cebreiro. Vor dem Dorfeingang dreht er sich um, schaut mich noch einmal an und läuft wieder zurück. Ich bleibe noch einige Minuten wie verzaubert stehen und blicke ihm nach, bis er wieder vollends aus meiner Sicht verschwunden ist. Es ist 7 Uhr morgens und o Cebreiro scheint grade zu erwachen. Die Wolken liegen wie ein Meer aus weißem Zuckerguss über den Tälern und verdecken alles darunter liegende unter sich. Ich bin über den Wolken, nicht wie in einem Flugzeug, nein, sie sind direkt vor mir, neben mir und hinter mir. Nur wenige Schritte entfernt.

Sieht so das Paradies aus? Eine Landschaft, weiß bis zum Horizont, aus der hier und da eine kleine Gebirgsinsel ragt. Als würde der Anblick süchtig machen, brauche ich lange, mich von ihm zu lösen und meinen Weg fortzusetzen.
Es gibt wieder eine Alternativroute, ein Stück länger, aber natürlich auch wieder wesentlich schöner. Es geht durch einen dichten Nadelwald. Nachdem Maja und ich den Wald durchquert

haben, stehen wir an einer langen Staubstraße, die uns zur Linken den Blick über die Täler ermöglicht, während wir diese entlang laufen. Langsam geht die Sonne auf und füllt ein Tal nach dem anderen mit ihren Strahlen. Um 9 Uhr erreichen wir dann den Alto do Poio, den Pass der heutigen Etappe. Obwohl es noch sehr früh ist, beschließe ich hier zu frühstücken und die Aussicht zu genießen. Ich bin ziemlich müde, wie ich nun feststelle. Daher halte ich es für das Beste, hier ein wenig zu schlafen und später gegen 18 Uhr weiter zu laufen, wenn es wieder kühler ist. So kann sich auch Maja ein wenig ausruhen. Maja hat mir heute Nacht meine Wasserflasche aus dem Rucksack gezogen. Ich habe es zwar in der Nacht unterbewusst registriert, aber nicht weiter wahrgenommen und am Morgen dann vergessen, als ich aufgestanden bin. Wahrscheinlich liegt sie immer noch in der Herberge unterm Bett. Ich fülle also Majas Napf und für einen Augenblick überlege ich ernsthaft, einfach aus diesem zu trinken, komme dann aber doch zur Vernunft und nutze meine Hände als Gefäß. Irgendwo hier in der Nähe müsste Lucia wahrscheinlich gestern geschlafen haben. Der Alto do Poio befindet sich ca. auf der Hälfte der heutigen Etappe, die insgesamt 21km lang ist. Wenn sie gegen 9 Uhr aufbricht, kommt sie entweder jeden Moment hier vorbei oder läuft wenige Kilometer vor mir mit ihrer Mutter und Buju. Meine Müdigkeit ist so groß, dass ich meinen Kopf ausschalte und unmittelbar einschlafe. Um 15 Uhr erwache ich wieder. Es ist leicht bewölkt und ein schwacher Wind weht. Gegessen habe ich und Maja scheint auch ausgeruht zu sein. Ich schnalle meinen Rucksack wieder auf und mache mich an den zweiten Abschnitt des Tages. Der zweite Teil führt die ganze Zeit an der Schnellstraße entlang. Da der Weg jedoch stark zugewachsen ist, lässt sich diese nur alle paar Minuten durch ein kleines Loch erhaschen und mehr als 3 Autos pro Stunde fahren hier auch nicht lang, so dass sie gar nicht auffällt.

Der Weg ist weiterhin traumhaft schön. Der Blick in die Täler hat nun von der linken auf die rechte Seite gewechselt. Außer dem Vogelgezwitscher und ein paar Kuhglocken ist nichts zu hören. Ich lege ein gutes Stück zurück und es mischt sich das Plätschern von Wasser unters Vogelgezwitscher. Die Straße ist zwischenzeitlich verschwunden. Nun befindet sich statt der Straße ein hoher Hang zu meiner linken, an dem das Wasser an seinen steinigen Wänden in Tausenden von kleinen Miniaturwasserfällen runter tropft. Natürlich erinnert mich das sogleich wieder daran, dass ich keine Wasserflasche dabei habe und der Gedanke, keine Wasserflasche dabei zu haben, weckt in mir die Illusion ungeheuren Durstes. Maja macht sich währenddessen fleißig über die Pfützen her. Gegen 18 Uhr etwa erreichen wir Triacastela. Weiter möchte ich heute nicht und wenn ich Glück habe, müssten Lucia und Cecilia sich auch hier befinden. Glaube nicht, dass sie mehr als 10km am Tag zurück gelegt haben. Ich suche die Herberge auf, an der mich bereits ein großes Schild „completo" begrüßt. Da ich eh nicht vor habe hier zu schlafen, sondern lediglich nach Lucia Ausschau halte, beeindruckt mich das wenig. Die Herberge hat eine riesige Wiese und ich vermute, wenn Lucia und Cecilia in Triacastela sind, wird Lucia ihr Zelt sicher hier aufschlagen. Es ist jedoch weit und breit kein Zelt zu sehen, als ich die Wiese betrete. Da ich seit 2 Tagen nicht mehr geduscht habe, wäre heute mal wieder Waschtag angesagt und so steuere ich die Rezeption an, um den Hospitalero um Erlaubnis zu bitten, die Dusche 10min zu nutzen. Eigentlich ist es die Pflicht einer jeden Herberge, einem Pilger die Möglichkeit zu bieten, sich zu waschen und auszuruhen. Lediglich für eine Übernachtung muss man sich richtig mit Pilgerpass eintragen lassen. Der Hospitalero ist jedoch nett ausgedrückt das absolute Gegenteil eines Hospitaleros und fordert prompt von mir, dass ich den vollen Preis der Übernachtung zahlen soll, wenn ich das Bad kurz nutzen möchte. Kopfschüttelnd lehne ich dankend ab, kann es aber nicht lassen, ihn darauf hinzuweisen, dass dies eine Xunta-Herberge ist. Hätte er mich nicht gezwungen, den vollen Preis zu zahlen, hätte ich nach meiner Dusche den vollen Preis gespendet und mein Zelt draußen aufgeschlagen, denn die Übernachtung kostet grade mal 3,- € in einer staatlichen Herberge. Bis vor einem Jahr waren die Xunta- und die meisten Municipal-Herbergen sogar noch komplett spendenbasiert. Ich drehe mich um und gehe und der Hospitalero scheint zu registrieren, wie schlecht gelaunt er gerade geantwortet hat. Ich gebe mich dann mit dem Wasserhahn draußen am Haus zufrieden und wasche mich dort schnell so gut es geht. Danach setze ich mich auf die Wiese und esse zu Abend.

Toto, ein Italiener, der wie ich einen Hund aus Manjarín mitgenommen hat, erblickt mich und kommt auf mich zu. Er war etwa eine Woche nach mir in Manjarín und hat einen Rüden genommen, den ich auch bereits im Auge hatte. Er ist ohne seinen Hund unterwegs, den er zu Ehren des Hospitaleros Paco ebenfalls Paco getauft hat. Ob ein Spanier sich dadurch geehrt fühlt, lasse ich mal so im Raum dahingestellt. Ich frage ihn, wo er seinen kleinen Gefährten hat und er erzählt mir, Paco hätte heute morgen beim Spielen mit einem anderen Hund seinen Fuß verknackst und humpelt nun. Daher habe er ihn bei einer hier Pilgerin gelassen, um sich kurz frei bewegen zu können. Im Gegenzug fragt mich Toto, wo ich die hübsche Brasilianerin gelassen habe, mit der ich die letzten Tage unterwegs war. Ich erzähle ihm, dass wir uns in o Cebreiro getrennt haben und ich gehofft habe, sie hier wieder anzutreffen, sie aber nirgends zu finden ist. Toto erzählt mir, er habe sie heute auf dem Weg getroffen, wüsste aber nicht, bis wohin sie laufen wollte. (Buju war übrigens der andere Hund, mit dem Paco sich beim Spielen den Fuß verknackst hat, wie ich später erfahren habe) Toto beschließt, sein Zelt zu holen und hier auf der Wiese zu schlafen. Ich selbst habe vor, ein paar Felder weiter mein Zelt aufzuschlagen und so verabschieden wir uns wieder. Mein

Zeltplatz liegt nur etwa 500m entfernt und befindet sich hinter einer dichten Hecke auf einem abgemähten Feld mit kleinem, zugewachsenem Fluss vor mir. Auf dem Feld befinden sich noch die geschnürten Heuballen. Ich überlege, einen von denen zu öffnen und unter meinem Zelt auszubreiten, um es schön bequem und weich zu haben. Bevor ich jedoch zu dieser Tat schreite, fällt mir als Stadtmensch ein, dass es sicher einen Grund dafür gibt, dass die Heuballen schön abgepackt hier liegen und sammle daraufhin das herumliegende Heu vom Boden, statt einen der Ballen zu öffnen. Ein Glück, denn wenige Minuten später kommt zufällig an diesem Abend der Bauer vorbei, um seine Ballen zu zählen. Er begrüßt mich freundlich und wendet nichts gegen meinen Schlafplatz auf seinem Feld ein. Wie gut, dass ich seine Ballen ganz gelassen habe, ansonsten hätte ich mir sicher einen neuen Schlafplatz suchen müssen.

10.07.09, Freitag – Triacastela nach Sarriá

Wache um 6 Uhr auf und beschließe aufzustehen, damit ich wieder den ganzen Nachmittag lang Pause machen kann und Maja nicht in der Mittagshitze laufen muss. Drehe mich aber trotzdem noch einmal kurz um. Als ich wieder auf die Uhr schaue, ist es 7 Uhr, kam mir vor wie 10min. Ich rappele mich hoch und Maja guckt mich nicht einmal an. Anscheinend schläft sie lieber ein wenig länger, statt mittags Siesta zu machen. Muss sie heute morgen regelrecht aus dem Zelt kommandieren. Als es endlich los gehen kann, ist es bewölkt und kalt. Ich frage mich, wieso ich nicht länger geschlafen habe, wenn's eh nicht nach Sonnenschein ausschaut. Wieder einmal stehen dem Pilger von

Triacastela nach Sarrià zwei Wege zur Auswahl. Der normale führt über Xan Xil und den Alto de Riocabo, der andere über Samos, wo ein wunderschönes Kloster steht. Mein Wanderführer sagt mir, der traditionelle Weg sei wesentlich schöner von der Natur, das Kloster zu besuchen würde sich jedoch auch sehr lohnen. Da natürlich einer der beiden Wege auch wieder an der Straße lang führt, entscheide ich mich heute mal nicht für die Alternative, sondern für den traditionellen Part über den Alto de Riocabo. Ist zwar nur 910m hoch, aber immerhin, ich liebe schließlich Berge. Es geht ein gutes Stück an der Schnellstraße entlang. Ein Auto nach dem anderen donnert an mir vorbei. Die Landschaft ist tatsächlich sehr schön. Wenn ich mir die Autos wegdenke, ließe sich diese auch fast genießen, wäre da nicht mein kleiner sonst immer braver Hund. Maja hat heute ihr neues Lieblingsspiel entdeckt und das heißt: „Fang die fliehenden Autos!“ Da ich Maja immer ohne Leine laufen lasse, bekomme ich nach wenigen Minuten nicht nur panische Angst um mein Tier, sondern auch ungeheuer schlechte Laune, da Maja jedem verdammten Auto, das an uns vorbei fährt, hinterher jagt. Notgedrungen hole ich die Leine heraus und leine sie an, was zur Folge hat, dass sie sich auf ihren Hintern setzt und nicht mehr vom Fleck zu bewegen ist. Meine Laune sinkt rapide und ich werde stinksauer auf meinen Hund. Bevor ich jedoch auf die Idee komme, sie einfach vors nächste Auto zu werfen, steuere ich ein kleines Dörflein an und mache dort abseits der Straße eine Pause. Ich koche mich runter und sage mir, dass Maja es nicht besser weiß und es an mir liegt, sie nun richtig zu erziehen. Sie ist nun mal ein Tier und hat wie die meisten Hunde einen Jagdtrieb, der durch ihren Spieltrieb noch verstärkt wird. Maja bekommt ihr Futter und was zu trinken und ich schmiere mir mein Bocadillo mit Wurst und esse einen Apfel. Danach leine ich sie wieder ab und lasse sie dicht bei Fuß laufen. Wie es der Zufall so will, wird's hinter dem Dorf sogar sehr schön und von der Straße ist erst einmal nichts mehr zu sehen. Um mir das Leben jedoch schwer zu machen, beginnt Maja nun zu fiepen und zu jammern, dabei sind wir grade mal erst seit zwei Stunden unterwegs. Sie hat eben erst etwas Essen und Wasser bekommen und weit gelaufen sind wir auch noch nicht. Ich weiß nicht, was mit ihr los ist und versuche, ihr Gejammer zu ignorieren. Wir laufen weiter bis zur Mittagsstunde und durchqueren dabei mehrere schöne Wälder, Wiesen und Felder. Ein Glück, dass die Straße aufgehört hat und Majas Gejammer war auch nicht von langer Dauer. Um 11:30 Uhr kommen wir an einem Fluss an, der zur Rast förmlich einlädt. Es ist immer noch kalt und leicht bewölkt, scheint aber langsam aufzuklaren. Wir lassen uns unter einem Baum nieder und ich hole meinen Schlafsack raus. Maja kuschelt sich sofort bei mir ein und wenige Minuten später bin zumindest ich im Tiefschlaf. Um 14 Uhr werde ich durch Majas Getobe auf mir geweckt. Plastikflaschen sind ihr größtes Spielzeug und so muss meine grade erst neu besorgte 0,5l Wasserflasche dran glauben. Ich lasse sie gewähren und schaue ihr ein wenig beim Spielen zu. Freue mich, dass sie immer lebhafter wird und nicht mehr so eingeschüchtert wie die ersten Tage ist.

Die heute morgen noch so graue Wolkendecke ist unterdessen vollkommen aufgerissen, der Himmel ist nun strahlend blau. Ideal, um ein Bad im Fluss zu nehmen. Der Fluss scheint an seiner tiefsten Stelle auch gute 2,5m tief zu sein. Das Wasser ist eiskalt, tut aber richtig gut und bringt meinen Kreislauf sofort in Schwung. Ich tauche völlig unter und lege mich danach in die schöne heiße Sonne. Perfekt! Das Einzige, was mir momentan fehlt, ist etwas zu essen. Zwar schleppe ich seit Villafranca eine 750g schwere Tomatendose inklusive einer 500g Pasta mit mir rum, aber ohne Kochmöglichkeit lässt sich damit nicht viel anfangen. Wollte eigentlich schon vor Tagen die Pasta zubereiten, aber es ist immer was dazwischen gekommen und jedes Mal, wenn ich überlege, sie wegzuschmeißen, um mir das Gewicht nicht anzutun, denke ich: heute Abend machst du sie dir! Na ja, habe die 1250g nun schon seit 5 Tagen im Rucksack. Ich verzichte auf mein Mittagessen und blättere stattdessen ein wenig in meinem Wanderführer, um mich zu orientieren. Es fällt mir furchtbar schwer. Für eine Sekunde überlege ich, ob ich vom Weg abgekommen bin, bis ich bemerke, dass ich heute morgen nicht den traditionellen Weg gewählt habe, sondern die Alternativroute! Na ja, halb so wild, zwar ärgerlich mit der Straße zu Beginn, aber so werde ich dann doch das Kloster in Samos sehen können. Meiner Schätzung nach dürfte ich auch gar nicht mehr weit davon entfernt sein. Um 17 Uhr packe ich meine Sachen zusammen und ziehe weiter. Die kleine Siesta verging wie im Flug und hat richtig gut getan. Samos taucht wenige Minuten später vor mir auf und das Kloster hält tatsächlich, was es verspricht. Bereits Minuten, bevor man Samos erreicht, erblickt man es von einer Anhöhe aus. Der Rest des kleinen Dörfchens ist hingegen eher bescheiden. Als ich Samos verlasse, lande ich erneut an der Schnellstraße, die mich wieder einige Kilometer verfolgt, bevor ich auf eine Weggabelung stoße mit einem Schild nach Gontán und einem weiteren nach Mundín. Um nach Sarrià zu gelangen, muss ich über Gontán laufen. Bevor ich jedoch den Weg einschlage, spricht mich eine nette Spanierin an und sagt, der andere Weg sei wesentlich schöner und kein bisschen länger. „Wesentlich schöner" waren die ausschlaggebenden Worte und so schreite ich voran. Wenige Meter weiter ruft sie mich noch einmal zurück und fragt netter Weise, ob ich nach Sarrià oder Gontán möchte, da der Weg direkt nach Sarrià führe, ohne Gontán zu passieren. Sehr aufmerksam von ihr, so bedanke ich mich und sage ihr, dass ich letzten Endes nach Sarrià will, wie ich dort hingelange sei mir relativ egal. Strahlend antwortet sie mir: „dann diesen Weg!" Der Weg scheint nicht zum Camino zu gehören und ist in meinem Wanderführer auch nicht eingezeichnet, dennoch laufe ich die nächsten Stunden an einem wunderschönen Waldweg entlang, bis ich plötzlich in San Mamede auf den traditionellen Weg stoße, den ich eigentlich ursprünglich einschlagen wollte. Um 20:45 Uhr erreiche ich Sarrià. Nach meinem Einkauf setze ich mich auf einen etwa 5m² großen grünen Flecken, der das einzige Grün hier in dieser Stadt zu sein scheint. Maja ist total am Ende und wartet brav bei meinem Rucksack, während ich mich aufmache, einen Supermarkt zu finden. Als ich zurück komme, weiß ich nicht so recht, ob ich hier umzingelt von Verkehrsstraßen nächtigen will oder noch ein Stück weiter laufen soll. Maja kann definitiv nicht mehr, aber hier bleiben will ich auch nicht. Ich beschließe, meinen Hunger zu stillen und mein Mittagessen nachzuholen und währenddessen die Situation neu zu überdenken. Nach dem Essen schnappe ich mir Maja, nehme sie auf den Arm und schnalle mir meinen Rucksack auf. Hier werde ich nicht schlafen! Das wäre vergleichbar mit einer Verkehrsinsel und das ist mir definitiv zu hart. Der Camino geht durchs Stadtzentrum von Sarrià. Ich registriere, dass es sich um eine wesentlich größere Stadt handelt, als ich angenommen habe. Um den Schwierigkeitsgrad noch ein wenig zu erhöhen, geht es steil bergauf bis zum höchsten Punkt von Sarrià. Dort endlich verlasse ich die Stadt. Ich passiere einen großen Friedhof mit wunderschönen Gräbern und Gruften und einer Wiese direkt an der Friedhofsmauer. Die Wiese lädt zum Schlafen ein. Als ich diesen Gedanken fasse, erhebt sich ein pechschwarzer Rabe von einem der Grabmäler und flattert mir krähend über den Kopf. Passend zu seinem Auftritt setzen die Kirchenglocken ein und ich beschließe, die Einladung zur Geisterstunde abzulehnen und mir doch einen anderen Schlafplatz zu suchen. Bin, was so was betrifft, sonst eigentlich nicht sonderlich zimperlich.

Es ist bereits 22 Uhr. So langsam muss ich zusehen, einen Schlafplatz zu finden. Der Weg durch Sarrià hat doch wesentlich länger gedauert, als ich erwartet habe. Maja wacht nun auch wieder auf. So kann ich sie runter lassen und muss sie nicht weiter tragen. Wenn ich sie auf den Arm nehme, ist sie zwar ein Fliegengewicht, aber nach einer Weile werden die ca. 6kg dann doch ganz schön schwer und meine Arme fühlen sich an wie zwei Bleiklumpen. Es kühlt schnell ab und das Wandern beginnt grade, richtig Spaß zu machen. Ich fühle mich nach meinem Abendessen wieder fit und heute Mittag habe ich ja auch lange genug Pause gemacht. Könnte jetzt noch einige Kilometer weiter laufen. Maja beginnt auch wieder herumzuhüpfen und allem, was sich im Busch bewegt, hinterher zu jagen. Dennoch beschließe ich, die erstbeste Zeltmöglichkeit zu nehmen, die sich mir bietet. Ich habe gegessen, bin geduscht und habe genügend Wasser, von daher sind meine Ansprüche nicht sonderlich hoch und die Suche sollte nicht allzu lange dauern. 122km bis Santiago sehe ich an einem Markierungsstein neben mir. Ich bin tatsächlich nun bereits so gut wie in Santiago. Zu Beginn habe ich solch eine Distanz noch in 3 Tagen bewältigt, weiß gar nicht, wieso ich es da so eilig hatte. Am Ende war es aber einfach das Laufen, welches mir Freude bereitet hat und auch immer noch tut. Jetzt gerade fühle ich mich ja auch fit und würde am liebsten noch weiter gehen und muss mich förmlich bremsen. Ich überquere ein Bahngleis und biege in einen dichten Wald ein. Das schaut doch schon mal ganz gut aus für meinen Schlafplatz und genau so ist es auch. Einige hundert Meter weiter taucht hinter dem Wald ein frisch gemähtes Feld auf, das etwa 50m vom Camino gelegen ist. Hinter einer kleinen Anhöhe schlage ich mein Zelt auf und freue mich über das perfekte, unbewusste Timing. Es ist 23 Uhr und es wird zusehends dunkel. Ich habe einen weiten Blick und sehe, wie der Nebel Sarrià im Tal vor mir umhüllt, bis es verschwindet. Am Himmel taucht ein Stern nach dem anderen auf. Ich sitze noch ein wenig vor meinem Zelt, während Maja sich bereits drinnen schlafen legt. Habe mir im Supermarkt KitKat gekauft, welches ich grade mit Genuss verzehre. Habe in den letzten Tagen solch einen Heißhunger auf Schokolade bekommen. Der Nebel umhüllt nach und nach alles und kommt wie eine Welle auch auf mich zugerollt. Nun verkrieche auch ich mich ins Zelt und geselle mich zu meiner kleinen Maja.

11.07.09, Samstag –Sarrià nach Portomarín

Ich schlafe heute mal wieder richtig aus und laufe erst um 10 Uhr los. Es ist bereits ziemlich warm. Maja fängt munter die vor uns herfliegenden Schmetterlinge - oder besser gesagt: versucht es, denn bisher hat sie keinen einzigen fangen können. Der Weg ist sehr schön und angenehm zu laufen. Wir passieren unzählige kleine Dörfer, laufen an Bächen und uralten Steinmauern entlang, passieren riesige mit Efeu bewachsene alte Eichenbäume und bekommen die Postkartenidylle akustisch mit Vogelgesang untermalt. An einem der vielen Höfe sitzt etwa 200m vor dem Eingang ein kleiner Hund mitten auf dem Weg. Als Maja ihn erblickt, läuft sie munter auf ihn zu, um zu gucken, um welchen Artgenossen es sich hier handelt. Die beiden beschnüffeln sich gegenseitig und die Bäuerin erscheint in einem der Fenster des Hofes. Ihrer Stimme nach zu urteilen scheint irgendetwas nicht in Ordnung zu sein, denn sie verflucht mich aufs übelste und redet irgendetwas von Hunden. Ob sie meinen oder ihren meint, weiß ich nicht. Etwas verwirrt von ihrem Auftritt laufe ich weiter, da kommt sie auch schon aus dem Haus gestürmt, um ihre Verwünschungen fortzusetzen. Ich verstehe kein Wort und habe auch keinen blassen Schimmer, was ihr Problem sein könnte. Wenige Meter vor mir dreht sich ein älterer spanischer Pilger um und schaut mich mit einem breiten Grinsen an und schüttelt nur den Kopf. Die Alte ist also einfach nur hysterisch und verrückt, ok, dann brauch ich mir also keine weiteren Gedanken über sie zu machen. Da ich sie eh nicht verstehe, gehe ich einfach weiter und lasse sie stehen. Noch einige hundert Meter weiter kann ich sie schimpfen hören. Würde zu gerne wissen, was sie so beschäftigt hat. Ich hole den Rest meines KitKats raus und esse dieses, bevor es mir im Rucksack schmilzt und eine riesen Sauerei anrichtet. Ich überlege, wo Lucia wohl sein mag. Wahrscheinlich ist sie hinter mir und ich laufe ihr

grade davon. Ich beschließe, in Portomarín ein Internetcafé aufzusuchen und ihr eine Email zu schreiben. Außerdem muss ich mir mehr Schokolade besorgen, keine Ahnung, wieso, aber momentan bin ich süchtig nach Schokolade, was für mich sehr außergewöhnlich ist, denn normalerweise kann ich mit Schokolade absolut gar nichts anfangen. Wenige Minuten später passiere ich die 100km Markierung nach Santiago. Der Markierungsstein ist mit Blumen und Steinen geschmückt und von oben bis unten bemalt. Ein merkwürdiges Gefühl, zum ersten Mal wird mir bewusst, wie weit ich schon gelaufen bin und dass ich mich tatsächlich kurz vorm Ziel befinde.
Auf der Hälfte der heutigen Etappe stoppe ich dann in Morgade und esse die mit Abstand köstlichste Empanada, die ich jemals probiert habe! Auch Maja bekommt ihre Ration, was ich mir hätte sparen können, denn kaum erreichen wir das nächste Dörflein, sitzt eine alte Dame vor ihrem Restaurant und bittet mich kurz zu warten, damit sie ein schönes gebratenes Steak aus der Küche für das Tier holen kann. Am liebsten hätte ich es ihr aus der Hand gerissen und selbst verdrückt, so lecker sah das Stück Fleisch aus. Maja schlingt es mit einem Bissen runter und die Dame schaut mich an, als würde ich mein Tier nicht füttern. Sie nimmt Maja auf den Arm und trägt sie hinters Haus, wo sie für ihre Hunde einen riesigen Napf hat, in dem alle Essensreste aus ihrem Restaurant landen. Da Maja aus einer Großfamilie kommt, wo ein Napf gefüllt wird und jeder um sein Essen kämpfen muss, hat sie noch nicht ganz kapiert, dass sie nun genug zu essen bekommt und sich nicht mehr hetzen muss, um etwas abzubekommen. Das All-You-Can-Eat Buffet wird vor ihrer Nase eröffnet und sie beginnt zu schlingen was sie zwischen die Backen bekommt. Da ich sie jedoch nicht hungern lasse und mehr als genau darauf achte, dass sie ausreichend zu essen bekommt, sage ich nach einer Weile, dass sie genug gegessen hat. Die Señora versteht dies nicht und wiederholt immer und immer wieder, dass das Tier Hunger hat, sonst würde

es doch nicht essen. Dass Maja aber auch ohne Hunger essen kann, scheint ihr keine mögliche Option zu sein. Irgendwann hebe ich Maja einfach von dem Essen weg, da es definitiv zu viel wird. Sie sieht bereits aus wie eine Schlange, die ein Ei gegessen hat, so kugelrund ist ihr kleines Bäuchlein jetzt. Ich unterhalte mich noch ein wenig mit der Señora und erzähle ihr, wie wunderschön sie es hier hat, auch wenn ich nicht im Traum daran denken würde, hier zu wohnen. Sie freut sich über meine nette freundliche Art und lässt mich gar nicht mehr gehen. Am Ende bietet sie mir sogar noch an, ich könnte ein kleines Zimmer haben und heute die Nacht hier schlafen. Es sei das Zimmer ihres Sohnes, der aber schon seit langem nicht mehr hier wohnt. Ich bedanke mich bei ihr, sage aber, ich möchte heute noch bis nach Portomarín und müsse daher auf ihre Gastfreundlichkeit leider verzichten. Sie drückt mir einen Kuss auf die Wange und ich setze meinen Weg fort. Maja scheint nun sichtlich Probleme zu haben, mir zu folgen. Sie ist so vollgefressen, dass an Laufen nicht mehr zu denken ist. So bin ich gezwungen, sie wieder einmal auf den Arm zu nehmen und zu tragen. Diesmal wiegt sie gut 1kg mehr als normalerweise. Um 15 Uhr erreiche ich Portomarín mit Maja auf dem Arm. Portomarín ist seit etwa 50 Jahren nicht mehr das alte Portomarín, denn der ursprüngliche Ort wurde nach Fertigstellung des Staudamms Belesar 1962 geflutet und liegt nun im Wasser des Minho begraben. Ich steuer die municipal Herberge an, obwohl ich vor habe, am Stausee zu schlafen. Grund für den Besuch der Herberge sind die 750g Tomaten in der Dose und meine 500g Pasta. Ich muss dieses Gewicht endlich loswerden und sinnvoll verarbeiten. Ich zahle für die Übernachtung und bekomme sogar die Möglichkeit angeboten, mein Zelt im Hinterhof aufzuschlagen. Das klingt doch sehr gut. Sehe mich schon unter der heißen Dusche stehen und danach die Sonne im Garten genießen. Als ich den Hinterhof betrete, verfliegt der Traum jedoch augenblicklich wieder. Hier ist grade mal genügend Platz, um mit Mühe und Not mein Ein-Mann-Zelt zwischen die mit Socken und Unterwäsche behangenen Wäscheleinen zu stellen. Der Boden ist dreckig und widerlich. Hier werde ich definitiv nicht schlafen. Ich lege meinen Rucksack im angrenzenden Park ab und leine Maja an diesem an, um wenigstens eine Dusche nehmen zu können und meine Pasta endlich zuzubereiten. Mit der Dusche klappt auch alles wie geplant. Nur als ich danach in die Küche schreite, finde ich zwar eine hochmoderne Küche vor, jedoch ohne Kochtopf, Pfanne oder sonstigen Gegenständen. So leicht gebe ich jedoch nicht auf, denn noch einen weiteren Tag schleppe ich diese 1,25kg nicht mehr mit mir rum! Ich habe eine kleine metallende Brotdose, die ich nun zum Kochtopf umwandle und die Tomatendose stelle ich einfach so auf die Herdplatte. Es dauert zwar eine ganze Weile, aber am Ende habe ich tatsächlich heiße Pasta mit Tomatensauce. Ein wenig Oregano aus meiner Bordküche und das Pilgermenü ist fertig. Im Aufenthaltsraum sind alle sichtlich verwundert, wie ich ohne Kücheneinrichtung eine Pasta zaubern konnte. Sie starren mich an wie von einem anderen Stern, als ich den Raum mit meiner Pasta betrete.

Frisch geduscht und satt gehe ich zurück zu Maja, die tief und fest bei meinen Sachen schläft. Ich muntere sie noch einmal auf, ein kleines Stück mit mir zu laufen, da ich zurück zum Minho möchte, um einen geeigneten Zeltplatz zu finden. Es bieten sich unendliche Möglichkeiten. Ich wähle eine so, dass mein Zelt für jeden sichtbar ist, der über die lange Brücke nach Portomarín kommt, in der Hoffnung, Lucia würde mich eventuell dann heute hier entdecken. Ich habe ihr eine Email geschrieben und nun muss ich sehen, was passiert.

Aus dem Wasser springen die Fische und fangen die Fliegen und Mücken. Am Abend beginnen die Frösche aus allen Richtungen zu quaken und die Grillen zirpen. Ich lasse mein Zelt offen, um in den Sternenhimmel blicken zu können, während Maja bereits wieder tief und fest schläft.

12.07.09, Sonntag – Portomarín

Auch heute mache ich mir keine Hektik und schlafe wieder vollkommen aus. Lucia ist natürlich gestern Abend nicht mehr aufgetaucht, wäre auch zu schön gewesen. Da sie mit großer Sicherheit noch hinter mir ist, beschließe ich, den heutigen Tag hier am See zu warten. Bin mir ziemlich sicher, dass sie heute in Portomarín eintreffen wird. Da ich den ganzen Tag Zeit habe, bleibe ich noch eine Weile im Schlafsack liegen, bevor ich aufstehe und beschließe, mir Milch fürs Frühstück zu holen. Habe immer eine Packung Cornflakes dabei, die können nämlich im Rucksack nicht so schnell schlecht werden und schmecken meiner Ansicht nach köstlich. Nach dem Frühstück faulenze ich den gesamten Tag vor meinem Zelt. Ich mache nichts, außer faul in der Sonne zu liegen, mich im Minho zu baden und ein paar Runden zu schwimmen oder Tagebuch zu schreiben.
Am Nachmittag schlendere ich noch einmal durch die Stadt, schaue mir die wenigen Bauten an und gehe in einer Bar was trinken. Anschließend suche ich erneut das Internetcafé auf. Von Lucia ist jedoch noch keine Antwort gekommen.
Der Tag beginnt sich zu ziehen und so beschließe ich wieder zu meinem Zelt zurück zu gehen und abermals ein paar Bahnen im See zu schwimmen. Danach lege ich mich wieder in die Sonne und wiederhole mein Programm vom Vormittag.
Ich warte einfach und gucke die ganze Zeit auf die lange Brücke, über die jeder Pilger laufen muss, um nach Portomarín zu gelangen. Scharen von Pilgern passieren die Brücke, hätte nie gedacht, dass so viele Pilger hier täglich lang kommen, aber keine Brasilianerin mit Hund dabei.
Am Abend um 21 Uhr gehe ich enttäuscht schlafen. Maja übernimmt unaufgefordert die Nachtwache und guckt wie ich zuvor noch Ewigkeiten auf die Brücke. Wo mag Lucia jetzt wohl sein?

13.07.09, Montag – Portomarín nach Palas de Rei

Ich wache sehr früh auf und will heute weiter laufen. Es macht keinen Sinn, hier zu warten, wenn ich nicht weiß, ob Lucia hinter mir oder vor mir ist, auch wenn ich annehme, dass sie hinter mir sein muss. Um 7:30 Uhr laufe ich los und muss erst einmal den Camino finden, wie so oft, wenn ich eine Stadt verlasse, die größer ist als ein Dorf. Der Himmel ist heute in zwei Hälften geteilt. Die eine Seite ist dunkel und grau ohne einen einzigen

Sonnenstrahl, die andere Seite wunderbar klar mit blauem Himmel. Maja und ich befinden uns natürlich heute morgen, genau wie meine Laune, auf der schattigen Seite. Massen von Pilgern bevölkern den Camino und lassen einen keinen einzigen Atemzug alleine tun. Haufenweise Spanier, die wahrscheinlich in Sarrià los gelaufen sind, um sich die Urkunde zu holen, für die sie nur die letzten 100km benötigen. Die Schulklassen sind für mich jedoch das Schlimmste und Maja ist von dieser Karawane auch nie wirklich angetan. Es sind einfach zu viele Menschen, von denen jeder die Hand nach Maja streckt und in internationaler Kleinkindersprache Laute von sich gibt. Ich selbst fange an, nun auch noch wegen Maja zu trauern. Ich bin nun kurz vor Santiago und langsam muss ich eine Lösung für die Kleine finden. Bevor ich Deutschland verlassen habe, spielte ich mit dem Gedanken, von Santiago aus direkt weiter nach Australien zu reisen. Nun überlege ich, noch einmal nach Deutschland zurück zu fahren und sie dort zu vermitteln. Bei den Deutschen weiß ich wenigstens, dass diese mit Hunden anders umgehen als die Spanier. Auch die Vermittlung wäre einfacher und ich könnte sehen, wie Majas Zukunft aussehen würde. Ich bringe es bisher nicht fertig, die Pilger zu fragen und ich werde mich auch in Deutschland nicht leicht von ihr trennen können. Für mich ist wichtig, dass ich mit absoluter Sicherheit weiß, dass Maja in guten Händen ist und ein wundervolles Leben haben wird. Ich kann sie daher nicht einfach dem nächstbesten Pilger in die Hand drücken, der sie einfach nur süß findet. Alle Welpen sind süß, aber das Tier wächst und lebt seine 10-15 Jahre. Wer sich darüber nicht bewusst ist, kann sich keinen Hund halten. Ich muss eine Lösung finden, doch ich beruhige mich und sage mir: die Lösung wird kommen, wenn die Zeit dafür gekommen ist. Mich nun verrückt zu machen ändert nichts an der Situation. Es wird sich eine Lösung finden, ich bin auf dem Jakobsweg und bisher geschah alles zur rechten Zeit, also hab Vertrauen.

Wir laufen mit den Hunderten von Pilgern bis nach Gonzar, wo sich die Karawane langsam auflöst und nach und nach alle Pilger verschwinden. Es ist mittags und langsam wird es heiß. Ich suche mir mit Maja ein schattiges Plätzchen, denn mittlerweile befinden auch wir uns wieder auf der Sonnenseite des Tages. Hängt wohl damit zusammen, dass sich der Trott aufgelöst hat...
Ich schlafe tief und fest für 4 Stunden ein. Als ich aufwache, ist es kurz vor 15 Uhr. Ich frage mich, ob ich es einfach nur nicht mitbekommen habe oder ob tatsächlich kein einziger Pilger, seit ich hier liege, an mir vorbei gekommen ist. Ich bleibe noch eine halbe Stunde liegen und laufe dann den Weg zurück, um einen der gelben Pfeile zu suchen. Eine knappe Stunde bin ich unterwegs, bevor ich endlich wieder eine Markierung an einer Weggabelung sehe. Hier bin ich verträumt gerade aus weiter gelaufen, statt rechts abzubiegen und habe meine heutige Etappe somit um gute 8km verlängert. Halb so wild, momentan will ich eh noch nicht in Santiago ankommen und hergekommen bin ich schließlich, um zu laufen. Also was macht's für einen Unterschied? Meine Gedanken haben nun aufgehört, sich um Maja zu kreisen, dafür denke ich nun durchgehend an Lucia. Wo ist sie? Werde ich sie jemals wieder sehen? Wird sie mir auf meine Email überhaupt antworten? Vielleicht will sie mich ja gar nicht mehr wieder sehen oder ist schon längst mit ihrer Mutter weiter nach Italien gereist. Ich hätte sie niemals verlassen dürfen, aber ich war so sicher, dass wir uns erneut begegnen werden.
Habe von meiner Mittagspause wieder unzählige Weizengrannen im Schuh, da ich auf einem dieser bösen Felder geschlafen habe. Ich kann meine Schuhe so oft ausziehen, wie ich will, die Dinger stecken im Strumpf und sind nicht auffindbar, nur spürbar. Ich laufe den Tag sehr verträumt und größtenteils ziemlich deprimiert weiter. Lucia ist verschwunden, Maja ist auch bald weg und Santiago ist zum Greifen nah und wird diese Reise bald beenden. Egal, wie sehr ich mich gegen diese negativen Gedanken sträube, sie machen sich dennoch in meinem Kopf

mehr und mehr breit. In Ventas de Narón treffe ich ein altes Ehepaar, mit denen ich mich ein wenig unterhalte. Sie loben mal wieder mein gutes Spanisch und sagen mir, es sei bis Palas de Rei nicht mehr weit. Na ja, immerhin, ein Kompliment habe ich grade wirklich gebraucht. Die Herberge in Palas de Rei steht etwa einem Kilometer vor dem eigentlichen Zentrum. Eine riesige Wiese umgibt sie, die zum Zelten nur so einlädt mit kleinen Bäumchen und Grillmöglichkeiten. Ich sehe den Franzosen mit seinem Sohn wieder, die seit Monaten mit ihrem Esel unterwegs sind. Habe mit denen noch kein einziges Wort gesprochen, obwohl sie mich brennend interessieren. Der Vater heizt grade eine der Feuerstellen ein. Ich beschließe, mir ein ordentliches Steak im Supermarkt zu besorgen und mich mit diesem zu ihnen zu gesellen. Der Hospitalero, bei dem ich mir noch einen Stempel hole, weist mich darauf hin, dass ich mich beeilen müsse, denn der Supermarkt sei gute 20min von hier entfernt und mache in knapp einer halben Stunde zu. Es ist nämlich bereits 19:30 Uhr und so mache ich mich schnell auf den Weg ins Zentrum. Ich bekomme mein Steak, eine Flasche Rotwein sowie etwas Brot und Hundefutter für Maja. Nach dem Einkauf mache ich mich schnell auf den Rückweg, um nicht das Grillfeuer der Franzosen zu verpassen. Unterdessen hat sich ein weiterer Pilger mit seinem Zelt auf der Wiese niedergelassen, jedoch scheint dieser schon zu schlafen, denn außer seinem Zelt ist nichts zu sehen. Die beiden Franzosen sind überaus freundlich, als ich mich zu ihnen geselle und scheinen sich über einen Gast zum Abendessen zu freuen. Ich steure meine Weinflasche der Runde bei und bekomme als Gegenleistung einen äußerst netten, unterhaltsamen Abend mit köstlichem Steak vom Grill und Gitarrenmusik. Schon praktisch, so ein Esel, da kann man sogar sein Musikinstrument mit auf den Camino nehmen. Maja schläft wie immer bereits tief und fest, während wir noch bis spät in die Nacht feiern.

14.07.09, Dienstag – Palas de Rei nach Arzúa

Als ich heute Morgen von den Tropfen des Regens auf meinem Zelt geweckt werde, fühle ich mich abgrundtief deprimiert, bevor ich auch nur die Augen öffne. Lucia und Maja sind meine ersten Gedanken und passend zu meiner Stimmung ist es draußen grau und nass. Erst überlege ich, mich noch mal umzudrehen und einfach liegen zu bleiben, entscheide mich dann aber doch aufzustehen. Es hat keinen Sinn, sich einfach umzudrehen und liegen zu bleiben. Damit kann ich das Problem nicht lösen und fühle mich in ein paar Stunden gewiss nicht besser. Die Franzosen sind bereits mit ihrem Esel abgezogen, nur der andere Camper, den ich gestern Abend nicht mehr zu Gesicht bekommen habe, breitet grade all sein Hab und Gut auf einem Tisch einer überdachten Sitzecke aus. Da dies der einzige trockene Platz weit und breit ist, nehme ich meine Cornflakes und steuere diesen Platz ebenfalls an. Eine dicke fette französische Bulldogge kommt auf mich zu gerannt und erklärt Maja ihre Bereitschaft zum Spielen. Maja ist im ersten Moment ein wenig schockiert, was auch an der optischen Erscheinung liegen könnte, beginnt dann aber heiter, mit ihrem neuen Spielgefährten zu toben. Der Camper stellt sich als junger Spanier Anfang dreißig heraus. Freudig begrüßt er mich und lädt mich zum Frühstück ein. Ich lehne seine Einladung zwar ab, da ich selbst bestens ausgerüstet bin, setze mich aber gerne zu ihm und freue mich über ein wenig Gesellschaft an diesem nassen, düsteren Morgen. Sein Name ist Eduardo, kurz Edu. Wir beginnen unser Frühstück mehr und mehr auszudehnen und uns über allerlei Dinge zu unterhalten. Ich erzähle ihm von meiner derzeitigen Situation, dass ich Maja aus einer Herberge geholt habe und nun deprimiert bin, sie weggeben zu müssen, auch, wenn ich weiß, dass es das Beste für sie ist und Edu baut mich auf, ohne dass ich ihn darum bitte. Er sagt genau das Gleiche wie

Lucia und im Grunde auch das, was ich mir gedacht habe als ich sie mitgenommen habe, nämlich, dass Maja nun eine Zukunft und die Chance auf ein richtiges Leben hat, was ohne meine Tat nicht möglich gewesen wäre. Auch, wenn ich das eigentlich selbst weiß, so baut es mich ungemein auf dies von jemandem grade heute noch mal bestätigt zu bekommen. Ich erfahre, dass Edu Tierarzt ist und in der Schweiz gearbeitet hat, nun aber wieder zurück zu seiner Freundin nach Spanien will. Er fährt die letzten Kilometer des Caminos aus Zeitgründen mit dem Fahrrad und seine kleine dicke französische Dogge namens Coca führt er in einem Anhänger mit sich mit, da diese unmöglich Schritt halten kann. Außerdem ist Coca bereits 14 Jahre alt und hat zu allem Überfluss Krebs. Edu tut alles, um das Leben des Tieres zu verlängern und es ihm so angenehm wie möglich zu gestalten. Mir gegenüber zeigt er sich unglaublich hilfsbereit. Er macht ein Foto von Maja und verspricht mir, entweder jemanden zu finden, bei dem ich mir keine Sorgen um Majas Zukunft machen brauche oder Maja selbst zu behalten. Ich soll noch bis Santiago laufen und dort treffen wir uns dann wieder. Ich kann es kaum glauben. Mir fällt ein Stein vom Herzen und ich würde ihm am liebsten um den Hals fallen. Ich habe ihn weder darum gebeten noch danach gefragt, er hat es einfach gesagt, nachdem ich ihm meine Geschichte erzählt habe. Unterdessen lockert sich der Himmel auf und es hört auf zu regnen. Ich kann es noch gar nicht fassen, was gerade passiert ist. Vor wenigen Stunden lag ich noch deprimiert im Zelt und wollte nicht aufstehen und nun habe ich eine Lösung für Maja gefunden, nur weil ich mich überwunden habe, aus meinem Zelt zu kriechen und den Tag in Angriff zu nehmen!

Gegen 11:30 Uhr kommen wir beide dann endlich los. Edu düst mit Fahrrad und Hundeanhänger davon und Maja und ich nehmen die Verfolgung zu Fuß auf. Mir geht es so gut wie schon seit Tagen nicht mehr, auch, wenn ich weiß, dass ich Maja bald abgeben werde. Dennoch habe ich genau das gefunden, wonach ich gesucht habe. Besser hätte es gar nicht kommen können. Ein junger, sehr sympathischer Tierarzt wird nun Majas restliches Leben ein Auge auf sie haben oder sogar ihr neues Herrchen werden. Ich weiß nicht, wie oder warum das geschah, aber auch diese Geschichte gehört für mich zu den unglaublichen Mysterien des Caminos. Ich wünsche mir etwas und es geschieht. Nun werde ich auf jeden Fall meinen Weg nach Finisterre fortsetzen, wahrscheinlich dann leider ohne Maja. Es wird mir bestimmt nicht leicht fallen, plötzlich wieder ganz alleine zu sein, aber so kann ich mich in alle Ruhe von ihr verabschieden, wenn ich nach Finisterre weiter laufe.

Nachdem ich Palas de Rei hinter mir gelassen habe, wird der Camino wieder wunderschön. Es geht durch dichtbewachsene Wege, die wie Canyons durch die Wälder verlaufen.

Maja und ich laufen knappe 20km bis Melide, ohne zu stoppen, durch. Melide ist ein wichtiger Knotenpunkt, da hier der Jakobsweg der Nordroute von Oviedo über Lugo auf den Camino francés trifft. Bevor wir uns ins Stadtzentrum wagen, halten wir an einem kleinen Fluss, um zu rasten und eventuell ein kleines Nickerchen zu halten. Ich halte meine Füße ins kalte klare Wasser und öffne mir eine Dose Calamares. Das Wetter heute spielt ziemlich verrückt und beginnt sich stark zuzuziehen. Es schaut nach Gewitter aus, so dunkel, wie der Himmel wird. Neben mir befindet sich ein Privatgrundstück, auf dem jede Menge große Festzelte stehen. Da ich zu faul bin, mein Zelt extra für ein kleines Schläfchen aufzubauen, ich aber auch nicht im Schlaf vom Gewitter überrascht werden möchte, wage ich einen Blick in die Zelte. Innen ist es schön warm und der Boden ist mit Holzplanken ausgelegt. Da weit und breit kein Mensch zu sehen ist, breite ich meine Isomatte aus und lege mich schlafen. Etwa zwei Stunden später werde ich von einem ohrenbetäubenden Donnern geweckt, wenige Sekunde später prasselt der Regen in Strömen auf die Erde herab. Für einen Moment schaut es so aus, als würde ich den Rest des Tages plus die bevorstehende Nacht hier im Zelt verbringen, allerdings lässt der Regen etwa 20 Minuten später schon wieder nach und 30 Minuten später hört er vollständig auf. Ich nutze die Gelegenheit und laufe sofort weiter. In 2 Tagen möchte ich in Santiago sein, um Edu wieder zu treffen oder zumindest auf seine Vermittlung eingehen zu können. Das war der Deal und da es nur noch ca. 55km bis Santiago sind, sollte das kein Problem sein. Möchte heute noch etwa 10km schaffen, um dann die kommenden zwei Tage jeweils ca. 20km zu laufen.
Melide stellt sich als riesige Stadt heraus, die am „Dorfeingang“ nichts von alledem vermuten ließ. Nachdem wir endlich aus dem Labyrinth entflohen sind, setzt sich der Camino in seiner heutigen Pracht fort. Ich komme an allerlei Apfelbäumen vorbei. Obwohl ich bisher keine guten Erfahrungen gemacht habe, wage

ich es, einen dieser prallen, großen, roten Äpfel zu pflücken. Mutig beiße ich hinein und wie eigentlich schon erwartet, habe ich auch dieses Mal nicht den Hauptgewinn gezogen. Es wird langsam später Nachmittag und andere Pilger sind bereits nicht mehr zu sehen. So laufen Maja und ich ganz alleine, was wir ja wirklich lieben. So langsam spüren wir jedoch unsere Erschöpfung und da mir mein Wasser ausgegangen ist, bekomme ich obendrein auch noch eine trockene Kehle. Maja bedient sich währenddessen fleißig an den zu genüge auftauchenden Pfützen des Weges. Ich will heute nicht mehr weit laufen, daher beginne ich Ausschau nach einem guten Zeltplatz zu halten. Statt eines Zeltplatzes finde ich jedoch einen Himbeerstand einer alten Dame und kaufe mir eine Schachtel Himbeeren plus ein kleines Döschen ihrer selbstgemachten Himbeermarmelade für mein Abendbrot. Die Himbeeren sind genau das richtige für meinen ausgetrockneten Mund und geben mir Kraft, noch ein paar weitere Kilometer zu bewältigen. Kurz hinter dem Dorf Río stoppe ich. Maja will nicht mehr und auch ich bin nicht mehr wirklich fit. Es beginnt außerdem langsam zu dämmern und der Himmel zieht sich wieder zu. Der Zeltplatz auf einem der gemähten Felder ist entspricht zwar nicht meiner Idealvorstellung, aber ich möchte heute kein Risiko mehr eingehen und schlage hier mein Zelt auf. Anschließend schmiere ich mir die köstliche Himbeermarmelade von Oma auf mein trockenes Brot. Es ist 22 Uhr und kaum steht mein Zelt, scheint Maja irgendwo Energiereserven hervorgeholt zu haben und beginnt wie verrückt herumzutoben. Da ich jedoch im Gegensatz zu ihr keine Reserven mehr habe, verkrieche ich mich ins Zelt und zwinge sie, ebenfalls ins Bett zu gehen, woran sie nicht im Geringsten denkt und mir geschlagene 20min in Arme, Beine und Füße beißt, um mich zum Spielen aufzufordern. Heute bin ich mal der Erste von uns beiden der im Tiefschlaf versinkt.

15.07.09, Mittwoch – Arzúa nach Pedrouzo-Arca

Ich schlafe wie immer aus und komme erst um 10 Uhr morgens los. Als ich um die Ecke auf den Camino biege, begegne ich zwei Spanierinnen Mitte 40. Sie laufen wenige Meter hinter mir und Maja beginnt wie jeden Morgen, alles, was sie findet in den Mund zu nehmen. Dieses Verhalten führt dazu, dass die beiden Spanierinnen mich auffordern, stehen zu bleiben, um mir dann gehörig ihre Meinung zu sagen. Sie sind nämlich der Ansicht, ich würde meinen Hund nicht füttern und verhungern lassen, denn sie hätten beobachtet, wie mein Tier nahezu alles vom Boden aufpickt. Ist ja auch schön günstig, faucht mir eine der beiden ins Gesicht. Ich gucke sie an, als wären sie zwei Außerirdische, die gerade nach ihrem interstellaren Flug direkt vor meiner Nase gelandet sind, schüttele den Kopf und fange an zu lachen. Da es keinen Sinn hat und ich grade erst aufgestanden bin, lasse ich mich auf keine weitere Debatte ein, drehe mich um und setze meinen Weg fort. Dass viele Spanier keinen Bezug zu Tieren haben und diese oft wie leblose Objekte behandeln, ist mir bereits bewusst, aber bei einem Welpen nicht einmal den Spieltrieb zu erkennen, grenzt schon an Dummheit. Wenigstens haben die beiden es im Sinne des Hundes gut gemeint, nur die Art und Weise, mir dieses mitzuteilen, war ein wenig unangebracht. Ich höre sie noch hinter mir her schimpfen und schüttle sie dann einige Zeit später zum Glück ab.
Es ist heute wieder ziemlich kühl und stark bewölkt, meistens reißt das Wetter im Laufe des Tages aber auf. Solange es nicht regnet, ist es im Grunde das ideale Wanderwetter. Der Wald ist nass vom Regen der letzten Nacht und der nasse Geruch steigt mir in die Nase. Ich liebe den Geruch von Regen. Abhängig davon, wo er runter kommt, ändert sich sein Geruch. Heute ist es der nasse Wald, der duftet. Am frühen Mittag erreichen wir Arzúa, unser gestriges Etappenziel. Während Maja ein

Schläfchen im Vorraum einer kleinen Kapelle hält, suche ich ein Internetcafé auf, um meine Emails zu checken. Immer noch keine Antwort von Lucia und auch Eduardo hat sich noch nicht gemeldet. Ich gehe zurück und setze mich zu Maja. Wir dösen beide ein paar Stunden vor uns hin. Es kommen jede Menge Pilger vorbei, um sich ihren Pass abzustempeln. Da es niemanden hier gibt, der diese Aufgabe übernimmt, halten mich die meisten der Eintreffenden für den Zuständigen und fragen mich jedes Mal höflich, ob sie ihren Stempel bekommen könnten. Da der Stempel einfach auf einem kleinen Tischlein steht, deute ich ihnen, sich einfach zu bedienen. Um kurz vor 15 Uhr reißt das Wetter ein wenig auf und ich beschließe, weiter zu laufen. Der Kilometerstein schreibt 36km bis Santiago. Die Natur ist nicht mehr ganz so schön wie die letzten Tage, aber dennoch passieren wir immer noch jede Menge Waldwege. Die Wälder mit ihren unzähligen Bächen erinnern mich an die Wälder der deutschen Eifel, nur mit dem Unterschied, dass hier und da auch mal ein Eukalyptusbaum auftaucht. Der Himmel reißt nun immer weiter auf und die Sonne scheint bereits wieder. Da die Pilger mich im Vorraum der Kapelle nicht wirklich haben schlafen lassen, hole ich diesen Schlaf nun nach und lege mich auf eines der großen Felder des Weges. Mein Mittagsschlaf ist das Beste überhaupt. Zu Hause mache ich nie Mittagsschlaf, aber hier auf dem Camino schlafe ich mittags so tief und fest, dass es eine reine Wohltat ist. Ich bin immer sofort weg und auch heute versinke ich binnen weniger Minuten im Tiefschlaf. Als ich wieder erwache, ist es bereits 18 Uhr. Fühle mich total fit, habe aber irgendwie das Gefühl, ich hätte den ganzen Tag nur geschlafen. Mein Zahn, den ich mir in Villafranca del Bierzo abgebrochen habe, beginnt mich langsam zu beunruhigen, da ich ihn bei Belastung deutlich spüre. Dennoch habe ich zu großen Respekt, hier in Spanien zum Zahnarzt zu gehen. Von weitem höre ich wieder die Stimmen der pubertären deutschen Jugendlichen, die ich gestern bereits passiert habe. Die Kids gingen mir gehörig auf die Nerven mit ihrem Gebrüll. Um ihnen nicht wieder zu begegnen, packe ich schleunigst mein Zeug zusammen. Im Eiltempo haste ich davon, um Distanz zu schaffen. Zwar sind sie noch nicht in Sichtweite, aber das Problem ist schließlich nicht das Visuelle, sondern das Akustische ihrer pubertären Unterhaltungen. Die Flucht war erfolgreich und Maja und ich sind wieder unter uns. Unsere traute Zweisamkeit wird jedoch kurz von einem Eichhörnchen unterbrochen, welches etwa 3m vor uns auftaucht und mitten auf dem Weg erschrocken inne hält, als es uns erblickt. Majas Gehirn ist total blockiert und trotz ihres Instinktes steht sie wie angewurzelt Auge in Auge dem Eichhörnchen gegenüber. Erst, als der kleine süße Nager auf den nahegelegenen Baum flüchtet, stürzt Maja los. Irritiert schaut sie sich um, wo ihre Beute abgeblieben ist. Die Möglichkeit des Baumes zieht sie dabei nicht in Betracht. Ich muss lachen und schaue Majas Irritation zu. Sie ist ganz aufgeregt und rennt laut bellend wild hin und her. Nachdem sie sich beruhigt hat, schaut sie mich mit großen Augen an, als hätte ich eventuell das entflohene Tier zu fassen bekommen.

Der Camino ist heute merkwürdig. Teilweise passieren wir wunderschöne Wälder, dann geht's wieder Ewigkeiten an Schnellstraßen entlang, um danach wieder einen weiteren Wald zu erreichen. Der Wegesrand ist voll mit wunderschönen Orchideen und den exotischsten Blumen. Für mich als Norddeutschen mal was anderes als immer nur Gänseblümchen. Um 22 Uhr abends befinden wir uns kurz vor Pedrouzo-Arca und stoßen auf eine einladende Waldlichtung hinter einer Anhöhe ab des Weges. Ich bevorzuge es immer, ein wenig abseits zu schlafen, so dass nicht jeder vorbeikommende Pilger direkt auf mein Zelt stößt. Dieser Platz kommt mir dabei wie gerufen. Nach einigen Wochen Camino und so kurz vorm Ziel bin ich mittlerweile auch nicht mehr so wählerisch, was meinen Platz anbelangt. Wo ich anfangs noch Flüsse bevorzugt habe, ist es mir nun mittlerweile relativ egal, solange ich nicht mitten auf dem Weg campiere. Nach nun etwa 30 Tagen steht mein Zelt binnen weniger Minuten. Auch innen hat bereits alles seinen festen Platz und ist im Nu hergerichtet. Ich verzehre meine letzten Cornflakes zum Abendessen und schiebe mir anschließend wieder mal eine ganze Tafel Schokolade rein. Morgen geht's nach Santiago!

16.07.09, Donnerstag – Pedrouzo-Arca nach Santiago

Ich will nicht aufstehen! Zwar freue ich mich einerseits, Santiago heute zu erreichen, aber das bedeutet auch, dass ich Maja abgeben werde und der Camino beendet ist. Maja hat es sich die Nacht über auf meiner Isomatte bequem gemacht und ich durfte neben der Matte auf dem kalten Boden schlafen. Habe sie dann irgendwann etwas energischer runter geschoben, um mein Revier wieder in Besitz zu nehme. Obwohl ich genau wie gestern nicht motiviert bin aufzustehen, packe ich meine Sachen zusammen. Ich habe gerade mein Zelt verstaut, da fängt es fürchterlich an zu regnen, obwohl die Sonne scheint. Die einzige am Himmel befindliche Regenwolke ist über meinem Kopf, na prima, so fängt der Tag ja schon mal prächtig an. Im rechten Oberschenkel verspüre ich außerdem einen leichten Krampf und so humpel ich die ersten Meter wie ein geprügelter Hund im Regen los. Es ist bereits 11 Uhr morgens und die letzten Nachzügler pilgern voller Freude an mir vorbei. Ihnen scheint das verrückte Wetter nichts auszumachen, die Freude, Santiago zu erreichen, steht ihnen ins Gesicht geschrieben. Sonne und Regen wechseln sich im Minutentakt ab. Der strahlend blaue Himmel wird binnen weniger Minuten zu einer grauen Suppe, um dann weitere Minuten später wieder völlig aufzuklaren. Die Pilger schließen sich diesem Rhythmus an und wechseln mehrmals pro Stunde ihre Bekleidung. Regenjacke an, Regenjacke aus. Mir ist das zu blöd, jedes Mal meinen Rucksack abzuschnallen, um die verdammte Regenjacke ständig hervor zu holen, um sie dann wenige Minuten später wieder auszuziehen. Es wird einfach verdammt heiß unter diesen Jacken. Ich habe mir extra eine der teuersten Jacken gekauft, da mir der fachkundige Verkäufer versichert hat, dass es sich um ein hervorragendes Produkt handele, welches ideal auf die Trackingverhältnisse zugeschnitten sei. Mag ja sein, aber schwitzen tue ich dennoch unter dieser Thermohaut, da helfen selbst die unzähligen Lüftungen nichts, die man öffnen kann. Demzufolge verzichte ich lieber auf die Regenjacke. Da ich sowieso seit Wochen ohne T-Shirt laufe, macht es mir nichts aus, nass zu werden, um dann sofort wieder zu trocken. Gegen 12 Uhr kommt ein ordentlicher Guss runter, während wir grade durch einen der hohen Eukalyptuswälder laufen. Der Regen prasselt mir auf die nackte Haut und anstatt Schutz unter einem der Bäume zu suchen, laufe ich einfach weiter durch den Regen. Es ist warm und ich genieße die Regentropfen in meinem Gesicht und auf meinem Oberkörper. Auch der Geruch ist wieder einmal eine Wohltat. Der erdige Waldboden, die Eukalyptusbäume, der Regen... Das Wasser läuft an mir herunter und wäscht mich rein. Ironischer Weise erreiche ich gerade Lavacolla, das Dorf, in dem sich früher die Pilger ein letztes Mal im Fluss gewaschen haben, bevor sie nach Santiago kamen. Der Fluss lädt jedoch nicht mehr zum Baden ein und so kann ich von Glück sprechen, grade meine Dusche bekommen zu haben. Mein Magen beginnt zu knurren und ich habe einen riesen Hunger, der durch den köstlichen Geruch von Essen aus den Häusern noch verstärkt wird. In Santiago werde ich mir heute mal richtig was gönnen! Die kleinen Kinder, die an der Straße spielen und mir eine Blume schenken, haben es gut, die

werden gleich von ihrer Mutter rein gerufen und bekommen eine köstliche Mahlzeit vorgesetzt.
Um 14:30 Uhr erreiche ich den Monte de Gonzo. Von hier oben konnte man früher zum ersten Mal die Kathedrale Santiagos erblicken. Heutzutage fällt die Suche ein wenig schwerer und man kann lediglich nach der Kathedralturmspitze Ausschau halten. Der restliche Weg bis vor die Kathedrale von Santiago ist nun noch wenige Kilometer lang. Es geht durch die ersten Straßen und an den ersten Häusern Santiagos vorbei. Noch ist alles nicht sehr einladend, bis man die Porta do Camiño (Pforte des Weges) durchquert und die Altstadt betritt. Es ist voller Menschen, Musiker an jeder Ecke, nervöse Spanier, die hastig durch die Gassen rennen, Senioren, die spazieren gehen oder gerade von ihrem Einkauf kommen, unzählige Touristen, die auch gerne mal einen Pilger mit Hund fotografieren und zu guter Letzt - jede Menge gleichgesinnter Pilger. Ich lasse mich von dem Fluss mitreißen und treiben und stehe plötzlich vor dem Nordportal der Kathedrale.
Der Anblick der klassizistischen Nordfassade löst Gänsehaut aus und ein Strahlen erfüllt mein Gesicht. Sie ist wunderschön mit ihrem mitgenommenen Mauerwerk, aus dem überall Gräser wachsen. Einerseits mächtig, andererseits zerbrechlich.
Auf den Überresten einer alten Kirche des 8. Jahrhunderts ließ Alfons VI die Arbeiten zum Bau der Kathedrale 1077 beginnen. Auf Grund der zahlreichen Veränderungen im Laufe der Jahrhunderte, vereint die Kathedrale heute mehrere Baustile. Im Inneren befindet sich unter dem Altar die Gruft mit den Reliquien des Apostels Jakobus. Ein in dieser Gruft befindliches Kruzifix wurde auf das Jahr 874 datiert und enthält angeblich einen Splitter des Kreuzes Jesus Christi.

Ich bleibe eine Weile vor dem Nordportal stehen und laufe dann weiter zum barocken Westportal der Kathedrale auf die Praza do Obradoiro.

Ich verbringe den restlichen Tag damit, stundenlang auf dem großen Platz am Rathaus zu sitzen und mir die Kathedrale anzuschauen. Ich würde gerne hinein gehen, aber hier wimmelt es von Menschen und ich will Maja nicht einfach draußen an einen Pfahl anbinden, also muss ich mit der Innenbesichtigung noch ein wenig warten. Ich suche den berühmten Stein auf der großen Praza, der als offizielles Ende des Camino Francés gilt. Es ist ein Pflasterstein mit der Kilometerangabe „Null", den man überschreiten muss. Anschließend mache ich mich auf die Suche nach einem Zimmer. Heute werde ich mir mal etwas gönnen, eine heiße Dusche nehmen und mich entspannen. Keine Lust, in dieser Großstadt irgendwo in einem Park zu zelten.

Maja ist bereits sehr erschöpft. Genau wie ich kann sie mit großen Menschenansammlungen nicht viel anfangen. Wir sind froh, als ich ein kleines Zimmer direkt im Zentrum mit eigenem Bad finde und wir endlich unsere Ruhe haben. Das Zimmer ist traumhaft. Ich habe einen Blick über die gesamte Altstadt und bin keine 2 Minuten von der Kathedrale entfernt. Schade, dass ich aus finanziellen Gründen nur eine Nacht hier verbringen werde. Ich nehme eine heiße Dusche und als ich wieder aus der Dusche komme, hat Maja es sich auf meinem schönen, frisch bezogenen Bett bequem gemacht und schläft. Nicht, dass ich ein Problem damit hätte, dass Maja auf meinem Bett liegt, habe nun oft genug mein Bett mit ihr geteilt, ich mache mir nur Sorgen, da Hunde hier im Zimmer nicht gestattet sind und ich keinen Ärger bekommen möchte. Was soll's, wenn morgen jemand die Hundehaare bemerkt, bin ich eh schon wieder weg. Nach meiner Dusche ziehe ich mir etwas Sauberes an und mache mich auf den Weg, meine Urkunde abzuholen und ein Internetcafé aufzusuchen. Maja lasse ich im Zimmer und sie macht auch keine Anstalten, als ich das Zimmer verlasse, sondern schläft brav weiter.

Eine lange Schlange steht vor den Schaltern, an denen ich meine Urkunde bekommen werde. Ich reihe mich brav ein und warte, bis ich an der Reihe bin. Die Prozedur kenne ich ja nun bereits und so antworte ich wahrheitsgemäß, ich sei aus religiösen Gründen gelaufen und lege meinen reichlich abgestempelten Pilgerpass vor. Nach einer kurzen Musterung erhalte ich meinen Stempel und meine Urkunde. Eigentlich habe ich gar keinen großen Wert auf die Urkunde gelegt, aber nun, wo ich sie erhalte, freue ich mich doch darüber.

Mein Besuch im Internetcafé ist leider von weniger Erfolg gekrönt. Immer noch keine Nachricht von Lucia und auch keine von Eduardo. Da Maja grade nicht bei mir ist, nutze ich die Gelegenheit, um die Innenbesichtigung der Kathedrale nachzuholen und traditionsgemäß die Apostelstatue zu berühren. Es ist bereits früher Abend, ich bin hellwach und möchte noch nicht schlafen gehen, also hole ich Maja aus unserem Zimmer und verbringe den Rest des Abends mit Rotwein und Tapas an einem Straßencafé.

Ich hab's geschafft! Nach 36 Tagen bin ich in Santiago de Compostela angekommen! Zwar ist meine Reise hier noch nicht zu Ende, aber dies ist eine andere Geschichte…

Epilog

Einen Tag nach meiner Ankunft in Santiago erhielt ich eine Email von Lucia sowie eine weitere von Eduardo. Lucia war nur wenige Kilometer hinter mir und hatte ebenfalls versucht, mich wieder zu finden. Wir verabredeten uns vor der Kathedrale und verbrachten dann eine knappe Woche zusammen in der Hauptstadt Galiciens. Cecilia war bereits vor Tagen in Santiago angekommen, da ihr das Pilgern nicht lag und sie lieber moderne Hilfsmittel zur Fortbewegung nutzen wollte.
Eduardo bin ich bis heute sehr dankbar und habe immer noch Kontakt zu ihm! Er vermittelte mir ein sehr sympathisches, junges, spanisches Pärchen aus A Coruña, welches wenige Tage später nach Santiago kam, um mich zu treffen und Maja abzuholen. Die Trennung fiel mir nicht leicht und ich benötigte den Weg nach Finisterre, um den Verlust zu verkraften. Lucia und Cecilia buchten einen Flug nach Italien und erneut mussten wir uns voneinander verabschieden. Anschließend begann ich meine Reise fortzusetzen und pilgerte über Negreira, Dumbría, sowie Muxía bis nach Finisterre!
Es ist unbeschreiblich schön, besonders, wenn man sich einen Tag mehr Zeit nimmt und das Stück zwischen Finisterre und Muxía an der Atlantikküste entlang läuft. Vier Tage habe ich gebraucht und diese vier Tage waren die einsamsten meiner gesamten Reise. Andauernd musste ich an Lucia denken, die ich nun zum zweiten Mal verloren hatte und als ob das nicht genug Gefühlschaos wäre, fehlte mir natürlich meine geliebte Maja über alles, die sonst immer brav neben mir her gelaufen war und sich nachts im Zelt an meinen Rücken kuschelte. Noch nie habe ich mich so glücklich und dennoch so verlassen und alleine gefühlt.

Etwa einen Monat nach unserer Pilgerreise haben Lucia und ich uns in Salamanca wieder getroffen. Wir sind zusammen durch ganz Spanien gereist und haben Ávila, Segovia, Madrid, Toledo, Córdoba, Granada, Málaga, Gibraltar und Algeciras besucht. Von dort aus sind wir spontan weiter nach Marokko gefahren. Tanger, Casablanca, Marrakech, Quarzazate, Agdz, Zagora, bis in die südwestliche Sahara. Dort verbrachten wir 3 Tage und 2 Nächte mit den Nomaden Marokkos in der Wüste. Anschließend reisten wir Über Rabat zurück nach Tanger, um von dort aus mit dem Schiff zurück nach Spanien zu gelangen. Über Sevilla erreichten wir die Algarve Portugals im Süden des Landes. In Sagres, einem kleinen portugiesischen Fischerdorf an der südwestlichsten Spitze unseres Kontinents, verbrachten wir den Rest des Jahres und ich nutze die Stille, um meine Geschichte aufzuschreiben. Lucia flog Mitte Dezember nach Brasilien zurück und abermals mussten wir uns verabschieden, erneut mit dem Wissen uns eventuell nie wieder zu sehen.

21.01.10 – Donnerstag – São Paulo / Brasilien

Ich halte mich seit Anfang Februar 2010 in Brasilien auf. Am 21.01.10 ging mein Flug von Frankfurt nach São Paulo.
Bisher verfüge ich über kein Rückflugticket…